ORAISON FUNÈBRE

DU

T. R. P. JOSEPH REY

FONDATEUR ET PREMIER SUPÉRIEUR

DE LA CONGRÉGATION DE SAINT-JOSEPH

PRONONCÉE DANS L'ÉGLISE DE CITEAUX, LE 28 JUIN 1875

PAR

M. L'ABBÉ J. CARRA

CHANOINE HONORAIRE DE DIJON

DOCTEUR EN THÉOLOGIE ET EN DROIT CANON, ET MAÎTRE EN SAINT THOMAS

AUMÔNIER DU LYCÉE ET DE L'ÉCOLE NORMALE DE DIJON

Précédée d'une Notice biographique

DIJON

RATEL, LIBRAIRE-ÉDITEUR, PLACE SAINT-JEAN

1875

DIJON, IMP. J. MARCHAND, RUE BASSANO, 12.

APPROBATION DE MGR L'ÉVÊQUE DE DIJON

La lecture que nous avons faite Nous-même de la présente *Oraison funèbre du T. R. P. Joseph Rey*, par M. l'abbé CARRA, chanoine honoraire de notre église cathédrale, Nous a vivement intéressé et touché. Elle retrace si bien l'esprit et la sainte vie de Notre vieil et vénérable ami, le fondateur de la colonie agricole de Cîteaux, que nous en autorisons volontiers l'impression, désirant ardemment que ces pages éloquentes aillent porter au loin, avec la bonne odeur des vertus de cet homme de Dieu, la connaissance des merveilleux fruits de sa sainte et féconde Institution.

† FRANÇOIS,

ÉVÊQUE DE DIJON.

Dijon, le 31 août 1875.

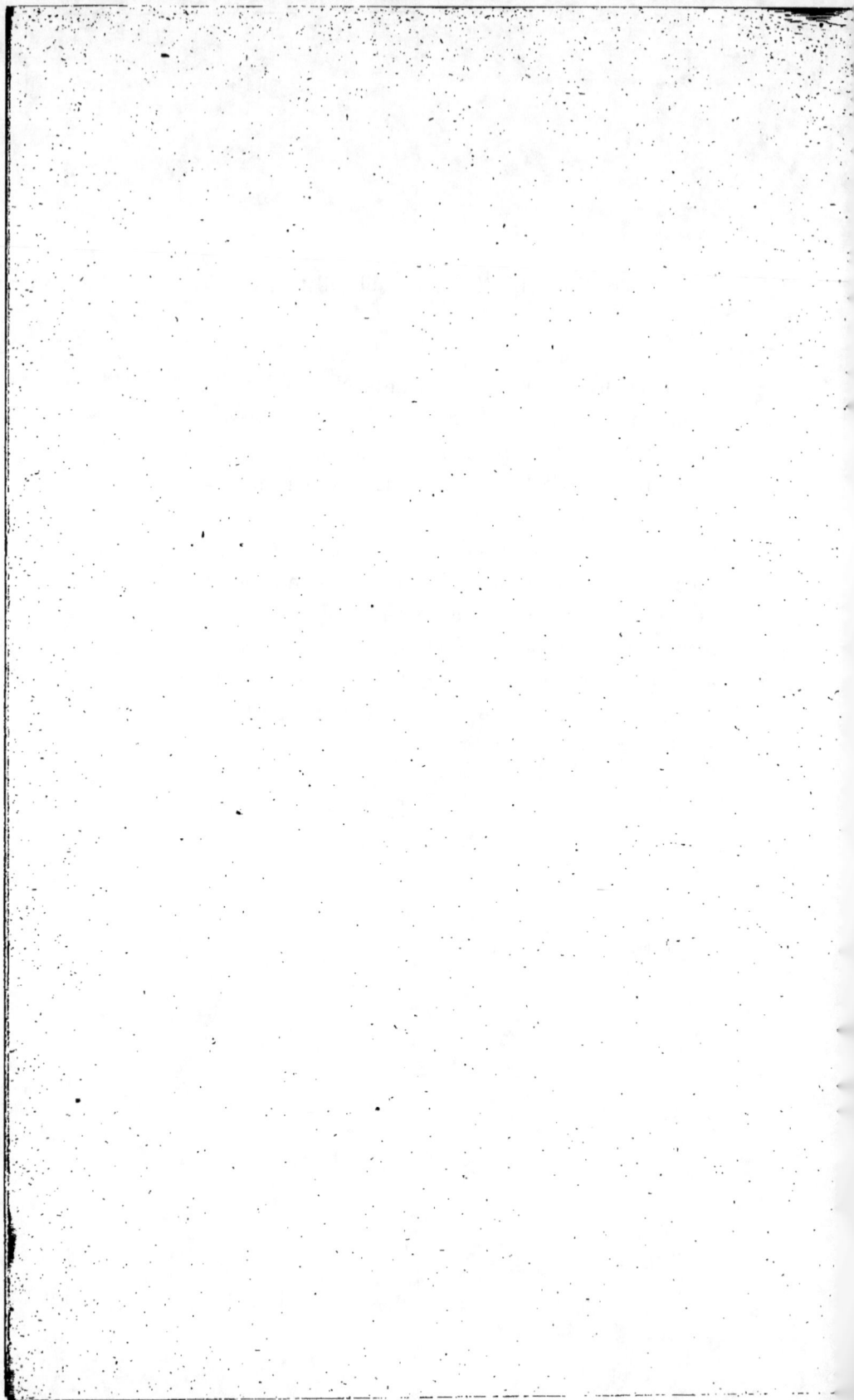

NOTICE BIOGRAPHIQUE

———◦✦◦———

Le T. R. P. Joseph Rey, fondateur et premier supérieur général de la Congrégation de Saint-Joseph, était né le 3 janvier 1798, à Pouilly-lez-Feurs, en Forez, au diocèse de Lyon. Son père, Jacques Rey, tisserand de profession, et sa mère, Marguerite Monmain, l'élevèrent dans les sentiments de foi et de piété qui sont encore restés le partage de cette province. Pour toute fortune, cette famille possédait une petite maison attenante à une terre de peu de valeur, que l'abbé Rey donna plus tard au curé de son pays natal pour en doter un hospice. La première éducation du jeune Joseph fut sévère; on l'appliqua de bonne heure aux travaux manuels. Ayant perdu son père dès le bas âge, il trouva dans M. l'abbé Fissieux, curé de Pouilly, un protecteur aussi généreux qu'éclairé. Ce vénérable ecclésiastique se chargea de son éducation; et dans le but de développer les forces physiques du jeune homme, l'employa quelque temps aux réparations qu'il faisait exécuter, sous la direction d'un serviteur dévoué, dans un ancien bâtiment, autrefois propriété de l'Ordre de Cluny, et destiné à servir d'hospice. C'est à ce même établissement que l'abbé Rey fit don de son modeste héritage, afin de reconnaître les services qu'il avait reçus de son pasteur, et de s'associer à sa bonne œuvre.

L'éducation du jeune Rey semblait promettre au sanctuaire un futur élève, lorsqu'un événement imprévu faillit tout compromettre. Le gouvernement impérial ayant fait fermer brusquement en 1811 la petite école de l'abbé Fissieux, les enfants durent se disperser; et le jeune Rey parut renoncer à sa vocation pour se livrer entièrement au travail manuel. Au bout d'un an, se sentant pressé intérieurement de revenir à son premier dessein, et voulant s'éclairer davantage sur sa vocation, il demanda à l'une de ses parentes de faire dire une messe à son intention, sans toutefois s'expliquer sur le but de sa démarche. Au sortir de la messe, Joseph allait se jeter dans les bras de M. le Curé, qui l'accueillit avec sa bonté ordinaire. Il se remit à l'étude avec une nouvelle ardeur et répara promptement le temps perdu. En 1815, il quittait son premier maître pour aller faire sa rhétorique au petit séminaire de Verrières, sous la direction de M. l'abbé Crozet, aujourd'hui chanoine de l'église métropolitaine, puis sa philosophie à celui de l'Argentière. Après des succès marqués dans l'un et l'autre établissement, il passa au grand séminaire de Saint-Irénée à Lyon, où il se distingua également par sa piété et son ardeur pour l'étude. Détail caractéristique : il fut choisi, sans doute sur sa demande, pour remplir auprès de ses condisciples les fonctions d'infirmier.

Ordonné prêtre en 1821, il fut donné pour auxiliaire à un ancien confesseur de la foi, M. Bourganel, curé de Nervieux, et à la mort de celui-ci, envoyé comme vicaire à Saint-Germain-Laval. Se sentant dès lors appelé à un ministère plus actif, il songeait à aller rejoindre en Chine l'un de ses compatriotes, missionnaire dans ce pays. Il aimait à se promener sur le bord de la rivière, se représentant d'avance sur les rives de quelques-uns des grands fleuves de la Chine, mêlé à son industrieuse population et profitant de toutes les occasions pour l'initier à la doctrine de l'Evangile. Il demanda pour cela à l'autorité diocésaine la permission qui lui était nécessaire, et qui paraît lui avoir été accordée. Il quitta Saint-Germain au mois de juin 1826; mais à son arrivée à Lyon, étant tombé malade, ses supérieurs ne le jugèrent pas assez robuste pour affronter les fatigues des missions, et, à son grand regret, le renvoyèrent comme vicaire à Chaponost où il ne resta que peu de temps. Sur les instances d'un riche propriétaire de Saint-Germain qui l'avait vu à l'œuvre, Mgr de Pins, alors administrateur du diocèse, l'envoya dans la petite commune de Mézérieux, jusque-là dépendante de la paroisse de Nervieux, et qui venait d'être érigée en succursale, grâce au zèle et à l'influence de ce même propriétaire, député du département. Tout était à créer dans cette petite paroisse. Après avoir mis ordre à la maisonnette, construite en pisé, qui lui servait de cure, il travailla de ses propres mains à l'agrandissement de son église, bâtie de la même manière. Il fonda une école suffisante pour les besoins du pays, qui jusqu'alors en avait été privé. Voulant faire perdre à ses paroissiens la funeste habitude de passer les fêtes à dévotion dans l'oisiveté du cabaret, il leur donnait lui-même l'exemple du travail. On le voyait assez souvent ces jours-là sur le faîte de son presbytère, occupé à en réparer la toiture ou les cheminées; les paroissiens finirent par comprendre la leçon de leur curé et la mirent à profit.

Tant de travaux ayant épuisé les forces de M. Rey, il tomba malade, et à peine rétabli, se rendit à Lyon où ses supérieurs le retinrent, pour lui ménager un repos nécessaire. Nommé aumônier d'un orphelinat de jeunes filles abandonnées, placé sous le vocable de Jésus-Marie, et situé sur le coteau de Fourvière, il retrouva bientôt toute son activité. Il entreprit de doter cet établissement d'une chapelle et se mit lui-même à l'œuvre, avec le concours des enfants de la maison qu'il avait, avec une habileté singulière, transformées en aides-maçon. En 1834, pendant la terrible insurrection d'avril, il réussit, grâce à l'influence qu'il avait acquise sur la population insurgée du quartier, à préserver cette maison du pillage. Il sut également, par sa prudence et son admirable sang-froid, sauver de la dévastation le vénérable sanctuaire de Fourvière, transformé en place d'armes par les insurgés.

C'est dans cette circonstance que se révéla à M. Rey, ainsi qu'à plusieurs âmes généreuses de Lyon, l'opportunité de fonder un refuge ou orphelinat pour les garçons pauvres et abandonnés. Cet orphelinat fut établi aux portes de Lyon, à Oullins, en 1835, et placé sous le patronage de saint Joseph. Il compta bientôt 150 enfants et produisit les meilleurs résultats. La nouvelle association se composait avec le directeur, de prêtres, de Frères et, plus tard, de Sœurs exclusivement appliquées à cette œuvre.

L'ancienne abbaye de Citeaux vendue comme bien national à l'époque de la première Révolution, après avoir changé plusieurs fois de mains, était tombée dans celles de deux riches anglais, adeptes de l'utopiste Charles Fourier, les frères Young, qui y éta- blirent un phalanstère; ils y eurent bientôt englouti leur for- tune. Cette vaste propriété ayant été de nouveau mise en vente, les amis du P. Rey l'encouragèrent par leur généreux concours à en faire l'acquisition pour y fonder un nouvel et plus considé- rable établissement. Le P. Rey en prit possession au mois de juin 1846. Dans l'installation de cette colonie, il eut plus d'une difficulté à vaincre; mais sa prudence et son énergie réussirent à les surmonter. C'est ainsi qu'il dissipa promptement les pré- ventions qui l'avaient accueilli, en faisant venir de Marseille, pendant la disette de 1847, d'amples provisions de blé que ses moulins et sa boulangerie cédaient au prix de revient aux habi- tants de la contrée.

Les événements de 1848 menacèrent un moment l'existence même de l'œuvre. Oullins, on le sait, devint la proie des flammes, et Citeaux reçut un ordre d'évacuation à exécuter dans les qua- rante-huit heures. Grâce aux démarches du fondateur, ce dernier ordre fut révoqué. Le nouveau gouvernement se montra favo- rable à cette institution, promettant de lui confier les jeunes détenus de plusieurs départements, au nombre de 500. Telle était en 1850, la situation de l'œuvre. Un décret impérial du 6 mai 1853, l'affermit encore en lui reconnaissant le caractère d'utilité publique. Depuis cette époque, elle n'a fait que se développer, sans pouvoir suffire, faute de sujets, aux demandes qui lui sont adressées de toutes parts. Cependant elle a établi, en 1866, une nouvelle colonie à Saint-Genest-Lerpt, près de Saint-Etienne.

Pour reconnaître les services rendus à la société par le véné- rable fondateur, le gouvernement impérial lui accorda, en 1859, aux applaudissements publics, la croix de chevalier de la Légion d'honneur.

Affaibli par l'âge et les infirmités, le R. P. Rey donna en 1873

sa démission des fonctions de Supérieur général de la Congrégation de saint Joseph, qui furent dévolues à M. l'abbé Donat,
depuis plus de vingt ans son fidèle collaborateur.

Après une carrière consacrée tout entière à la pratique des plus
hautes vertus, le vénérable fondateur est mort à Cîteaux d'une
fluxion de poitrine, le lundi de Pâques, 6 avril 1874. Ses obsèques
eurent lieu le vendredi suivant au milieu d'un immense concours.
Tous les rangs, toutes les conditions y étaient représentés. On y
remarquait en particulier la présence d'une députation du Conseil
général alors réuni. La cérémonie était présidée par M. l'abbé Dard,
vicaire général, qui adressa à l'assistance une touchante allocu-
tion. Au cimetière, M. Robinet de Cléry, procureur général, depuis transféré à Lyon, fit entendre à son tour d'éloquentes paroles
qui causèrent une profonde impression, et qu'on nous saura
gré de reproduire :

« Je manquerais à un devoir si sur cette tombe qui va se fermer,
« je ne prononçais, au nom de la Cour dont je suis ici le représen-
« tant, au nom de la justice, une parole d'adieu et de profonde re-
« connaissance.

« Le saint et digne prêtre, l'organisateur éminent, auquel nous
« sommes venus rendre un dernier hommage, a été, au milieu de
« nous, la personnification d'une grande pensée :

« La réhabilitation de ceux qui ont failli, par le travail.

« Il a donné à cette généreuse province un exemple qui ne sera
« pas perdu.

« Il a montré ce que peut la fraternité *chrétienne* pour la guéri-
« son du mal moral qui menace d'envahir et de corrompre notre
« société tout entière. Au désordre, à la rebellion, aux vices pré-
« coces de l'enfance abandonnée, il a apporté le frein et le remède
« de l'autorité et de la charité.

« Il a appris à ces malheureux, flétris avant d'avoir le sentiment
« et la conscience de leur responsabilité, à obéir et à travailler.
« *Obéir, travailler!* n'était-ce pas là déjà un immense progrès,
« une précieuse garantie d'avenir?

« Messieurs, il a jugé que ce n'était pas assez. Il a fait plus : il
« leur a appris à croire et à prier.

« Dès lors, il a dû avoir confiance en son œuvre; les épreuves,

2

« les privations, les souffrances, les plus dangereuses tentations
« pourront assaillir ce petit peuple, miraculeusement sauvé par
« son amour et par ses soins. Il a jeté dans l'âme de ses chers en-
« fants une semence féconde, celle qui produit la patience, la rési-
« gnation, la persévérance. Si la fragilité humaine lui réservait la
« douleur de quelques rechutes, l'immense majorité des enfants de
« Cîteaux est entrée dans la vie, définitivement préservée, ayant
« mérité l'oubli d'une première faute, que je serais presque tenté
« d'appeler une *heureuse faute*, car elle a valu à ces déshérités
« du monde les bienfaits d'une bonne éducation civile et chré-
« tienne.

« Celui qui par ses efforts est parvenu à ramener au bien un
« seul de ses semblables peut mourir en paix. Qu'il repose donc
« entouré de bénédictions unanimes, le vénérable religieux qui a
« reçu, au nom du Christ, des générations entières de jeunes
« hommes condamnés à une démoralisation fatale, et qui a rendu
« en échange à sa patrie des milliers d'ouvriers laborieux, d'hon-
« nêtes et utiles citoyens.

« Ce n'est pas de nous qu'il recevra sa récompense. Mais il est
« d'un bon exemple de dire bien haut que le nom d'un tel homme
« sera inscrit désormais, en caractères ineffaçables, au premier
« rang des meilleurs serviteurs de la justice et du pays! »

Au moment de la mort du P. Rey, Cîteaux renfermait 850 enfants (1), Oullins, 250, et Saint-Genest, 125.

Le corps du P. Rey a été inhumé dans le cimetière de la colonie, et son cœur réservé pour être plus tard déposé dans l'église.
Cette translation, que l'on voulait faire coïncider avec le service
anniversaire, s'est trouvé, par suite de diverses circonstances, re-
portée au lundi 28 juin 1875, fête de saint Irénée. Cette cérémonie, également présidée par M. l'abbé Dard, avait, comme la première, attiré un grand nombre de prêtres et de fidèles. On remarquait dans l'assistance plusieurs membres du Patronage établi
depuis peu dans le but de soutenir les jeunes colons à leur sortie
de l'établissement, ainsi que le R. P. Villion, fondateur de
l'*Œuvre de Saint-Léonard*, à Couzon (Rhône), destiné à offrir un
asile aux Libérés qui craignent de rentrer dans le monde. Cette

_____
(1) Aujourd'hui on en compte 930.

nouvelle association, vivement désirée par le P. Rey, est sur le point de consommer sa réunion avec la Congrégation de Saint-Joseph, dont elle formera la seconde branche.

Le service funèbre fut célébré le matin ; et le soir, après le chant des vêpres des morts, eut lieu la translation solennelle du cœur renfermé dans une urne funéraire, qui fut déposée après la cérémonie, à l'entrée du sanctuaire, dans une niche recouverte d'une plaque de marbre sur laquelle se lit l'inscription suivante :

VBI. THESAVRVS. IBI. COR.

THESAVRVS. ILLI.

DEVS.

FILIIQVE. SVI.

COR.

PATRIS. SVI. JOSEPH. REY.

SACERDOTIS.

HVIVS. INSTITVTI. FVNDATORIS.

ANNO. CHRISTI. M.DCCC.LXXIV.

AETATIS. VERO. SVÆ. LXXVII.

DEFVNCTI.

HIC.

REPONENDVM. CVRAVERVNT. FILII.

DIE. XXVIII.IVNII.

ANNI. M.CCC. LXXV. (1).

Avant l'absoute qui termina cette seconde cérémonie, M. l'abbé Carra, chanoine honoraire de Dijon, aumônier du Lycée et de l'Ecole normale, prononça l'oraison funèbre qu'on va lire.

---

(1) Où fut son trésor, là est son cœur : son trésor, ce fut Dieu et ses enfants.
Le cœur du P. J. Rey, prêtre, fondateur de cet Institut, mort l'an du Christ 1871, de son âge le 77e, a été déposé ici par la piété de ses enfants, le 28 juin de l'année 1875.

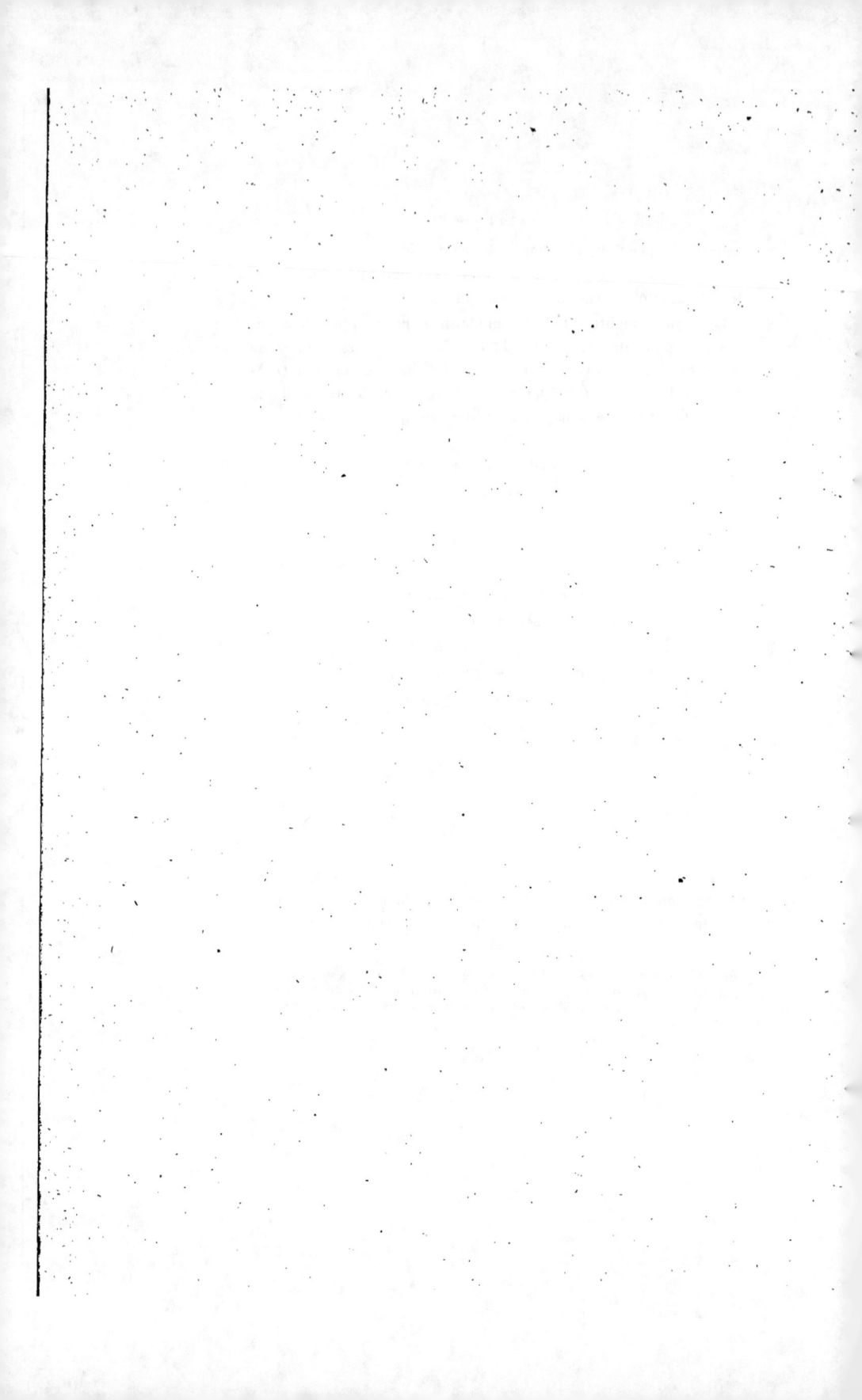

ORAISON FUNÈBRE

DU

T. R. P. JOSEPH REY

FONDATEUR ET PREMIER SUPÉRIEUR

De la Congrégation de S.-Joseph.

— —⚬⚬⚬— —

Laudent... in portis opera ejus.

Que ses œuvres toutes seules
fassent son éloge dans les assem-
blées publiques.

(*Prov.*, XXXI, 31.)

MESSIEURS,

MES CHERS ENFANTS,

C'est par ce trait que l'écrivain sacré termine l'éloge
d'une âme forte et généreuse, que la sagesse éclaire et
que le zèle anime et conduit. Après avoir célébré en
termes magnifiques cette prévoyance qui s'étend à tout,
ce dévouement que rien ne lasse, cette persévérance qui
surmonte tous les obstacles, cette charité qui se con-
sume à faire le bien ; après avoir en quelque sorte épuisé la
louange, Salomon trouve qu'il n'a encore rien dit, et,
comme s'il désespérait d'atteindre à la perfection de son
modèle, il s'écrie : Pourquoi chercher à cette grande

âme d'autre éloge que celui qui lui vient de ses œuvres ?
Ne suffisent-elles pas à sa gloire ? qu'elles seules élèvent
donc la voix et publient ses louanges dans les assem-
blées d'Israël : *Laudent in portis opera ejus.*

Au moment d'entreprendre l'éloge funèbre du vénérable fondateur de la Congrégation de Saint-Joseph, ces
paroles de l'auteur sacré s'offrent d'elles-mêmes à mon
esprit ; au lieu de commencer un travail aussi supérieur
à mes propres forces qu'inutile en lui-même, ne devrais-
je pas me borner à vous dire avec Salomon : Considérez
ce que le P. Joseph Rey a accompli parmi nous ; son
œuvre est sous vos yeux. Voyez, je ne dirai pas ces
prairies, ces campagnes verdoyantes qu'il a fécondées
de ses sueurs, et qui étalent leurs richesses devant vous,
comme pour vous faire admirer son zèle et son industrie ;
mais voyez plutôt cette nombreuse et forte jeunesse qui
remplit ce sanctuaire : ce sont ses enfants ; ils lui doivent
le toit qui les abrite, le pain qui les nourrit, et, ce qui est
mille fois plus précieux, les leçons de piété, de travail,
d'honneur qu'ils reçoivent dans cet asile. Voyez aussi
cette pieuse famille dont il était le père et le modèle, et
qu'il a rendue héritière de son œuvre et de ses vertus.
Ne vous renfermez pas dans cette enceinte ; considérez
par la pensée les autres membres de cette grande famille
qui, d'Oullins, de Saint-Genest, tournent en ce moment
leurs regards vers nous, et s'unissent à nos larmes et à
nos prières. Contemplez ces merveilles, songez de quel
néant le génie créateur du P. Rey les a tirées. Que pourrais-je ajouter à cette considération ? Ne dois-je même pas
craindre d'affaiblir, par de vaines paroles, l'éclat qui
rejaillit d'une si belle entreprise ? Et comment ne m'écrie-
rais-je pas avec l'auteur sacré : Que le silence de l'ad-

miration lui serve aujourd'hui d'éloge, et que ses œuvres toutes seules racontent sa sagesse, sa charité, sa constance : *Laudent in portis opera ejus.*

Il faut cependant essayer de parler; car ce qui suffit à la gloire du saint fondateur, ne saurait suffire ni à la piété filiale de ses enfants, ni à notre propre édification. L'amour veut qu'on lui parle de son objet, et ne fît-on que balbutier, il trouve encore du charme au peu qu'on lui en dit. N'oublions pas d'ailleurs que ces grandes âmes que Dieu montre de temps en temps à la terre, ne sont pas un vain spectacle offert à une admiration stérile, mais un salutaire enseignement proposé à notre fidèle imitation.

Nous sommes tous, suivant la belle expresion de Tertullien, les ouvriers de la gloire divine; tous nous avons une tâche à remplir ici-bas, selon la condition où la Providence nous a fait naître et le rang où elle nous a placés. Or, le vénérable fondateur de cette maison nous apprend, par son exemple, avec quelle fidélité une âme touchée de la grâce se prépare à la mission qui l'attend, et avec quelle générosité elle l'accomplit. Nous verrons comment la divine sagesse, toujours attentive, veille sur le berceau de son grand serviteur, avec quel soin elle le forme par degré, et le conduit comme par la main au but qu'elle s'était proposé; puis, lorsque le temps est enfin venu, lorsqu'elle ouvre la carrière devant lui, nous admirerons avec quelle ardeur il s'y élance, toujours guidé par la sagesse, toujours soutenu par la constance, toujours inspiré par la plus héroïque charité : telles sont, chrétiens, les précieuses leçons que nous donne, et dans sa vie et dans sa mort, le Très-Révérend Père Joseph Rey, prêtre, officier d'Académie, chevalier de la

Légion d'honneur, fondateur et premier supérieur
général de la congrégation de Saint-Joseph.

De toutes les œuvres que la charité chrétienne, toujours
si féconde, a enfantées de notre temps, l'une des plus
belles, des plus utiles à la religion et à la société, est sans
doute celle que le P. Rey a eu le courage d'entreprendre, et le mérite d'accomplir. En effet, recueillir une
jeunesse abandonnée à elle-même, délaissée de ceux dont
le premier devoir était de la soutenir, repoussée d'une
société, trop oublieuse de ses devoirs, qui, après avoir
contribué à la gâter par ses dangereuses maximes, par
ses exemples encore plus funestes, n'a plus pour elle
que des sévérités et des rigueurs; tendre à cette jeunesse
infortunée une main secourable, lui montrer qu'elle a
encore des amis; lui apprendre à ne pas désespérer
d'elle-même, mais à se relever par la prière, l'obéissance et le travail : quelle entreprise plus utile, plus généreuse, plus véritablement chrétienne !

Il n'y a rien de plus grand dans le monde que la
rédemption des âmes. Le Fils de Dieu a trouvé cette
mission si belle qu'il l'a ambitionnée pour lui-même, et
que, pour l'accomplir, il n'a pas craint de descendre du
Ciel en terre et de donner tout son sang. Or, n'est-ce pas ici
la suite la plus directe de son œuvre, et la plus touchante
application de ses mérites? Quelles âmes plus dignes
d'être purifiées, régénérées, que celles que l'inexpérience a
égarées, que la vivacité de la jeunesse a entraînées, qu'un
moment de faiblesse a surprises, et qui se sont vues
quelquefois précipiter dans le mal, avant même de le
connaître !

D'un autre côté, quel éminent service rendu à la société ! On sait assez quels périls la menacent lorsque, les principes d'ordre et de justice qui l'avaient toujours soutenue venant à s'affaiblir, elle se voit ébranlée jusque dans ses fondements. De funestes jalousies, d'aveugles haines divisent les diverses classes qui la composent, et, des enfants d'une même patrie, font d'irréconciliables adversaires. Dans ce choc d'intérêts opposés, dans ce mélange confus de sophismes et d'erreurs qui naissent de toutes parts, afin de couvrir les plus criminels desseins des apparences de la justice, combien n'est-il pas à craindre que de jeunes esprits, privés de toute direction et de tout appui, ne se laissent entraîner et ne se jettent du côté où tout flatte leurs passions, où tout sollicite leurs plus mauvais instincts ! Et qu'il est nécessaire de les désabuser, de les éclairer, de les nourrir dans des maximes d'ordre, de justice, d'honneur ; et de préparer à la société en péril des défenseurs, là peut-être où elle aurait rencontré ses plus redoutables ennemis !

Plus chrétienne, et d'ailleurs moins troublée que la nôtre, l'ancienne société n'avait pas besoin d'un tel secours. L'enfance trouvait au foyer domestique les premiers éléments de l'éducation ; et la société, toute pénétrée des maximes de la religion, suppléait aisément à ce qui pouvait manquer du côté de la famille ; mais aujourd'hui que la famille et la société se sont également corrompues, aujourd'hui que l'enfance puise trop souvent le mal aux sources mêmes où elle reçoit la vie, à quel inévitable péril ne serait-elle pas exposée, si la Religion ne lui venait en aide, et ne la prenait sous sa protection ? L'Eglise qui, dans tous les âges, a su trouver des remèdes proportionnés à la grandeur des maux qu'il s'agissait

3

de guérir, pouvait-elle manquer pour la première fois à sa glorieuse mission ? Et vous, Seigneur, vous qui dans vos saintes Ecritures vous déclarez si souvent le protecteur du pauvre et de l'orphelin, pouviez-vous laisser ceux-ci sans guide et sans appui ? Ah ! c'est bien d'eux qu'il faut dire avec votre Prophète qu'ils ont été abandonnés à votre Providence, qu'ils n'ont d'autre asile que votre sein paternel : *Tibi derelictus est pauper;* et c'est pourquoi nous ajoutons avec David que vous ne les rejetterez point, mais que vous saurez leur procurer la protection qui leur est si nécessaire : *Et orphano tu eris adjutor.*

Dieu ne trompe point ces espérances; lui qui dans tous les siècles a suscité des hommes capables de comprendre et d'exécuter ses desseins, choisit le P. Rey pour remplir cette nouvelle mission. Mais avant de la lui confier, il a soin de le préparer à cette tâche, non moins difficile que glorieuse : il le fera naître dans une condition voisine de la pauvreté, pour qu'il en connaisse par lui-même les embarras; il permettra qu'il soit privé de bonne heure de l'appui paternel, afin de lui montrer de plus près les périls auxquels l'orphelin se trouve exposé. Mais, en même temps, pour l'affermir contre le danger, il le fera sortir d'une famille vraiment chrétienne, dans laquelle la foi se transmettait, avec l'honnêteté, comme l'héritage le plus précieux et comme le plus cher trésor.

Joseph Rey était né à la fin du siècle dernier dans le Forez, où se conservait, avec la simplicité des anciennes mœurs, un attachement à la foi que la violence de la persécution ne servait qu'à raviver. Cet air de simplicité qu'il avait respiré dès l'enfance lui devint comme naturel, et l'on sait combien il se montra toujours ennemi de toute recherche et de toute affectation. Qui peut douter que les maux dont son premier âge fut témoin ne l'aient attaché plus fortement encore à la religion, en lui montrant dans quel abîme tombe infailliblement un peuple qui prétend se passer du secours de Dieu ?

Le père de Joseph, modeste artisan, le familiarisa de bonne heure avec le travail des mains. Votre vénérable fondateur aimait à raconter à ce sujet un détail touchant dans sa simplicité, et dont ne s'offensera point votre piété filiale : comme il était encore bien jeune, et trop faible pour pouvoir suivre son père à travers champs, celui-ci, le soulevant dans ses bras, le mettait familièrement avec ses outils dans sa hotte, au-dessus de laquelle l'enfant s'efforçait d'élever sa petite tête pour respirer le grand air, et réjouir sa vue de l'aspect de la campagne.

Sa famille était pauvre ; mais le travail joint à la santé entretenait l'aisance et la joie au foyer domestique, lorsque l'épreuve vint tout tout à coup le visiter. Le père de Joseph mourut, et l'enfant resta à la charge de la veuve désolée, dont il vit souvent couler les larmes, mais dont il ne revit, disait-il, plus jamais le sourire.

Que va devenir cet enfant auquel se rattachent tant d'espérances, et de qui doit dépendre le sort de tant d'autres orphelins ? Dieu veille sur lui.

Il avait placé à ses côtés un prêtre vénérable qui, touché de son sort, et démêlant en lui les heureuses qualités qu'il devait faire paraître plus tard, se chargea de son éducation, et en même temps l'attacha au service de l'autel : c'est le prétexte dont il se servit pour voiler sa charité, et ménager la délicate fierté de la veuve. Avec quel soin il cultiva cette jeune plante que

Dieu semblait avoir confiée à sa sollicitude ! Nourrie à l'ombre du sanctuaire, elle croissait avec une grâce incomparable, et laissait déjà entrevoir les fruits dont elle devait se couronner.

Tout en formant l'esprit et le cœur de son disciple, le sage maître ne négligeait point le développement de ses forces physiques. Par un dessein où je ne puis m'empêcher de voir la main de Dieu, ce prêtre zélé, qui faisait alors restaurer une ancienne abbaye pour la transformer en hospice, résolut de l'employer à ces travaux, en le plaçant sous la conduite d'un fidèle serviteur qu'il avait chargé de leur exécution. Bien loin de marquer la moindre répugnance pour ce nouveau genre d'occupations, Joseph s'y livra avec ardeur; et c'était plaisir de le voir quitter ses livres pour l'instrument de travail, et montrer dans deux occupations si différentes le même zèle et la même habileté. Il acquit bientôt dans les travaux manuels une telle adresse qu'il sut exécuter de lui-même à la maison paternelle une réparation qui subsistait encore plus de vingt ans après, et qui faisait, disait-il en souriant, son étonnement et son orgueil.

Ces détails pourront paraître frivoles à quelques-uns; mais quiconque sait la force et la durée des premières impressions, se persuadera aisément que ces occupations de la jeunesse de M. Rey n'ont pas été sans influence sur son avenir. Et qui sait si plus tard, lorsqu'il formait la première idée de son œuvre, il n'avait pas présents à l'esprit, ce prêtre qui présidait à la fondation d'un hospice, ce serviteur, ou plutôt cet ami dévoué qui lui servait d'auxiliaire, et cet orphelin qui, sous leur direction, se formait à l'amour du travail? N'était-ce point là, en effet, une image et comme une ébauche du vaste projet qu'il devait un jour accomplir ?

C'est ainsi que Dieu le préparait à sa mission. Le jeune Rey semblait donc avoir trouvé, après quelques traverses, la voie qu'il devait suivre, lorsqu'un obstacle imprévu faillit l'en écarter pour toujours : son maître, ne bornant pas son zèle à sa personne, avait réuni plusieurs autres élèves autour de lui ; et cette école naissante promettait de dignes lévites au sanctuaire, quand la jalouse susceptibilité du gouvernement ordonna tout-à-coup de la fermer. Soit qu'il désespérât de pouvoir reprendre le cours de ses études, ou qu'il se crût obligé de venir en aide à sa mère, Joseph parut renoncer à la sainte carrière dans laquelle il était entré. Il mit à profit l'habileté qu'il avait acquise sous la direction de ses maîtres, et alla travailler de maison en maison, heureux sans doute de rapporter chaque soir à sa mère le modique prix de sa journée, mais éprouvant par lui-même ce qu'il en coûte de gagner son pain à la sueur de son front; il voyait aussi à quels périls se trouve exposée une jeunesse vive, inexpérimentée, alors surtout qu'elle est privée de ses protecteurs naturels. O mon Dieu, n'était-ce pas encore ici une des attentions de votre providence sur votre serviteur ? Vous qui avez permis que votre divin Fils connût par expérience les difficultés et les peines de l'obéissance (1), n'avez-vous pas voulu, par un semblable dessein, que celui que vous destiniez à être le protecteur de l'orphelin, éprouvât par lui-même les dangers de sa triste condition, et sentit quel besoin il a d'une main amie pour les surmonter ?

Ce secours ne lui fit pas défaut à lui-même ; et, vous

(1) *Hebr.*, V, 8.

n'avez pas de peine à le deviner, il lui vint du prêtre
vénérable qui avait veillé sur son enfance, et qui, sans
le perdre de vue, n'avait pas été fâché, ce semble, de le
soumettre à cette épreuve. Pressé par la grâce divine
qui n'avait cessé de le rechercher, Joseph résolut de
renoncer tout-à-fait au monde pour se consacrer à Dieu.
Dans cette pensée, il court se jeter entre les bras de ce
bon père qui l'accueille, non comme un prodigue (il n'en
a pas connu les égarements), mais comme un fils bien-
aimé qui a goûté la salutaire amertume de la vie présente,
et qui revient fortifié par cette épreuve.

Il serait difficile de vous peindre avec quelle ardeur
notre jeune homme se remet à l'étude, avec quel empressement il répare les moments perdus; son esprit
curieux et avide dévore, pour ainsi dire, les livres remis
entre ses mains, et se nourrit par la réflexion de leur
substance. En peu de temps il a rejoint et même dépassé
ses anciens condisciples. Des mains de son premier
maître, il passe dans les séminaires diocésains de Verrières et de l'Argentière, où il se fait admirer par la pénétration de son esprit, par l'égalité de son humeur et
l'ouverture de son caractère, par son ardeur non moins
vive au jeu qu'à l'étude, par sa filiale soumission envers
ses maîtres comme par sa tendre piété envers Dieu.
Bientôt, à Lyon, sous les auspices du grand saint dont
l'Eglise célèbre aujourd'hui la fête, il se prépare plus
directement au sacerdoce; avec quel saint empressement il nourrit son intelligence de la science sacrée!
avec quel soin il purifie son cœur pour le rendre digne
de devenir le vivant tabernacle du Dieu trois fois saint!
Le moment solennel est enfin venu : il reçoit, avec
l'onction sainte, le pouvoir redoutable aux anges mêmes,

et, pour la première fois, immole de ses propres mains
l'auguste Victime. Qui nous racontera les célestes communications qui se firent alors du Cœur sacré de Jésus-
Christ au cœur de son nouveau ministre, les engage-
ments qui se prirent des deux côtés, les nœuds étroits
qui se formèrent entre le divin Pasteur des âmes et
celui qui devait, à son exemple, s'immoler pour la portion la plus chère du troupeau? O sainte alliance! union
mystérieuse! sacrés épanchements de la confiance et
de l'amour! Qui pourra vous comprendre, s'il ne vous a
ressentis lui-même? Qui dira ce que furent ces ineffables
communications dans un ministre élu de Dieu pour
une si haute et si sublime mission?

Devenu prêtre, M. Rey parut un homme nouveau :
tout embrasé du désir de la gloire de Dieu et du salut
des âmes, volontiers il se serait écrié, avec l'apôtre :
« Ah! que je donnerais de bon cœur non-seulement tout
ce que je possède, mais encore mon sang et ma vie pour
vous gagner tous à Jésus-Christ : *Ego libentissime impen-
dam et superimpendar ipse pro animabus vestris.* »

Il semblerait, à ne regarder que les apparences, que
la Providence dût l'appeler sans retard à la mission
qu'elle lui destinait; mais les pensées de Dieu ne sont
pas nos pensées, et sa sagesse s'élève bien au-dessus de
nos vues courtes et bornées. Il veut que son prêtre achève
de se former, que son expérience se mûrisse dans les
fonctions ordinaires du sacerdoce; et, en même temps, il
a soin de le placer dans les situations les plus propres à
développer les qualités dont il aura besoin. Nervieux,
Saint-Germain-Laval, Chaponost, Mézérieux le verront
donc tour-à-tour, soit comme vicaire, soit comme curé,
exercer les saintes fonctions du ministère pastoral. Sans

négliger aucune des âmes qui lui sont confiées, il recherche de préférence les pauvres et les petits, et poursuit les malheureux pécheurs de toute l'ardeur d'un zèle qu'aucune fatigue, aucun sacrifice ne rebute. Il n'oubliera point les occupations de ses jeunes années; et on le verra, comme à Mézérieux, travailler de ses propres mains à la restauration de la maison de Dieu, et montrer à ses paroissiens étonnés qu'il n'est pas moins propre à réparer le temple matériel, qu'à relever l'édifice spirituel de leurs âmes.

Ces travaux, quelque pénibles qu'ils fussent, ne suffisant pas à l'activité de son zèle ni à l'ardeur de son âme apostolique, il conçut un moment le désir d'aller porter l'Evangile dans les contrées infidèles; mais Dieu qui le réservait pour une autre mission, non moins nécessaire ni moins difficile, le retint parmi nous. Il se vit appeler un instant aux fonctions de directeur dans un orphelinat de jeunes filles; là, il put observer à loisir les tristes ravages auxquels est exposée une jeunesse sans expérience. Le travail des mains lui parut le plus sûr préservatif pour la vertu. Il ne craignit même pas de former une entreprise aussi hardie par le dessein qu'heureuse par l'exécution : comme l'orphelinat manquait de chapelle, aidé du concours de ses enfants, il entreprit de bâtir de ses mains un édifice modeste sans doute, mais suffisant pour les besoins de l'établissement; et cette construction, promptement achevée, montra une fois de plus ce que peut le zèle, soutenu de la persévérance et de la confiance en Dieu.

Cependant le zèle de l'abbé Rey avait peine à se renfermer dans l'étroite enceinte de cette maison. Il se sentait attiré vers la population ouvrière au milieu de laquelle il vivait, et dont l'ignorance, les aveugles préjugés le touchaient vivement ; il ne pouvait assez s'étonner de son funeste éloignement pour une religion qui semble surtout faite pour elle, et qui seule peut adoucir ses peines et consoler sa misère. De son côté, son air franc et ouvert, sa parole simple et cordiale, l'austérité, la sainteté répandue sur toute sa personne, et, par dessus tout, la bonté qui éclatait dans son regard et qui se révélait par les traits du plus entier dévouement, tout contribuait à lui gagner les cœurs, tout lui assurait un étonnant empire sur les âmes.

Mais que vois-je dans ces circonstances ! quel affreux spectacle s'offre à mes regards ! Lyon est en proie aux horreurs de la guerre civile ; ses rues sont ensanglantées par une lutte fratricide ; les coteaux de Fourvière sont au pouvoir de l'insurrection ; et ce vénérable sanctuaire, qui s'élève sur ses hauteurs comme un signe de paix, est changé par elle en une place d'armes. Jésus-Christ prisonnier dans son tabernacle est à la merci de ces furieux, qui peuvent se porter sur lui aux derniers attentats. Que faire pour l'arracher de leurs mains ? on ne voit de tous côtés que péril, soit qu'on le laisse en leur pouvoir, ou qu'on hasarde une démarche inopportune qui réveillera peut-être leur fureur endormie. Dans cette cruelle perplexité, un prêtre ose se présenter sur le seuil du sanctuaire : c'est M. l'abbé Rey. Son visage respire la confiance ; la dignité de son maintien en impose aux plus violents. En quelques paroles simples, dites de ce ton de franchise qui plaît tant à l'homme du peuple, il leur explique l'objet de sa visite : il vient, dit-il, les débarrasser d'un voisinage sans doute incommode ; et exagérant à dessein sa pensée, il leur propose d'emporter,

4

de peur de les gêner, le Saint-Sacrement sans aucun appareil, comme l'objet le plus vulgaire. Jamais plus courte harangue n'eut un plus prompt effet. Etonnés d'abord de sa hardiesse, ses farouches auditeurs sont touchés de sa confiance; passant bientôt à des sentiments tout nouveaux, ils rougissent à la pensée que le Dieu de leur première communion soit réduit à se cacher d'eux. Et je vois ces hommes qui, tout à l'heure, ne respiraient que vengeance, se mettre tout à coup en ordre et former une escorte d'honneur à l'abbé Rey, qui s'avance portant dans ses mains le Saint-Sacrement avec la pompe de nos plus grandes fêtes. Admirable victoire due au courage, au sang-froid, à la vertu de ce saint prêtre, ou plutôt à Jésus-Christ lui-même caché sous les voiles mystiques, mais vivant et agissant dans la personne de son ministre!... N'était-ce point là une image sensible et comme un symbole de l'empire que M. Rey devait plus tard exercer sur les cœurs en faisant servir à l'honneur de la religion ceux qui, laissés à eux-mêmes, n'auraient peut-être songé qu'à la détruire?

Mais ne le verrons-nous pas bientôt appliqué à cette œuvre pour laquelle il était si bien préparé? C'est le moment même que la Providence attendait pour lui faire connaître sa volonté; et, chose digne de remarque, c'est par la bouche d'un de ces redoutables insurgés qu'elle l'en instruit : « Pourquoi, lui dit cet homme, ne feriez-vous pas pour les garçons ce que vous faites pour les jeunes filles? » Ne dirait-on pas que, comme autrefois ces démons que Jésus-Christ chassait du corps des possédés, en les contraignant à confesser sa divinité, le génie de la révolution ait été obligé de trahir le secret de son origine, et de révéler le moyen de prévenir son retour? D'où

viennent en effet ces troubles qui, à des moments réglés
et pour ainsi dire à chaque génération, agitent depuis
si longtemps notre malheureuse patrie, sinon de
l'éducation vicieuse donnée à la jeunesse, surtout à celle
qui, ayant plus de besoins, devrait être mieux affermie
contre la tentation et le danger? Faut-il donc s'étonner
que des générations ainsi formées s'efforcent de saisir
les richesses et les honneurs dont elles sont pressées de
jouir? Faut-il s'étonner que des jeunes gens, nés dans
l'indigence, nourris dans les convoitises, habitués à ne
compter qu'avec la force, soient des soldats toujours
prêts pour l'armée du désordre? Elevez ces jeunes gens
dans des sentiments de foi, dans le respect du droit, dans
l'amour du devoir, et vous aurez ôté à l'émeute son
principal soutien, vous aurez fermé l'ère fatale des révo-
lutions. Voilà ce que dit, sans le bien comprendre peut-
être lui-même, cet insurgé d'avril qui, à l'exemple du
grand-prêtre Caïphe, prophétisait sans le savoir. Cette
parole, jetée au hasard, est un trait de lumière pour l'esprit pénétrant de M. Rey; plus il la médite, plus il en
sent la justesse; et il brûle du désir de la mettre en pratique. Mais où trouver les ressources nécessaires pour
une telle entreprise? Qui saura en comprendre les avantages et voudra s'y associer? Des cœurs généreux comme
il s'en trouve en si grand nombre dans cette noble cité
lyonnaise, berceau de la propagation de la foi et de tant
d'autres œuvres de charité, avaient de leur côté, fait
de semblables réflexions et formé le même dessein.
Eux aussi avaient vu, à la sinistre clarté des événements
de 1834, quels abîmes se cachent sous les brillants dehors
d'une civilisation raffinée qui ne s'appuie plus sur Dieu.
Comme ils étaient chrétiens, ils n'avaient pas eu de

peine à trouver l'unique remède d'un si grand mal; et comme il connaissaient l'abbé Rey, ils se tenaient pour assurés du succès, si celui-ci consentait à se charger de la direction de l'entreprise. On s'abouche, on se concerte; la fondation d'un orphelinat agricole est décidée.

L'autorité diocésaine ayant approuvé ce généreux dessein, on achète à Oullins, aux portes de Lyon, un domaine suffisant pour commencer l'entreprise. L'asile est ouvert aux enfants pauvres et abandonnés. Le clergé de Lyon répond avec empressement à l'appel du P. Rey; de pieux ouvriers lui apportent leur concours. Prière, travail, obéissance : telle est la devise de la nouvelle communauté; et saint Joseph, le père nourricier de Jésus, saint Joseph, le modèle de l'ouvrier chrétien, est choisi pour protecteur d'une maison où l'on se propose d'imiter ses vertus.

Le *Refuge de Saint-Joseph* était fondé. Dix années d'expérience justifient la sagesse des fondateurs. Un grand nombre d'enfants changés et régénérés sont rendus à leurs familles, et rentrent avec honneur dans le monde. Des prêtres, des Frères dévoués, formés à l'école du P. Rey, vont porter ses leçons et ses exemples non-seulement dans les prisons de Lyon, mais au loin, à Lille, à Loos, à Douay. Le feu du zèle se communiquait de proche en proche; mais les événements politiques obligèrent M. Rey à renoncer à l'œuvre des prisons qu'il avait d'abord unie à la première, pour se consacrer tout entier à l'éducation de cette jeunesse si digne d'intérêt, qui réclamait toute sa tendresse et tous ses soins.

On le voit donc, si les fondements de l'œuvre de Saint-Joseph étaient enfin posés, cette œuvre n'avait pas encore pris sa dernière forme. L'ébauche en était achevée,

mais le dessin n'était pas entièrement terminé ; et, si c'est
la gloire immortelle d'Oullins d'en avoir été le berceau,
il était réservé à un autre lieu de la conduire à sa perfection.

Il est des terres privilégiées que Dieu semble avoir choi-
sies pour être le théâtre de ses grâces et comme le champ
de ses mystérieuses expériences. C'est d'elles qu'il dit dans
ses saintes Ecritures qu'il y coule le lait et le miel, pour
nous faire entendre, sous cette image sensible, que ses
bénédictions s'y répandent d'en haut avec abondance,
en portant dans les âmes la paix et la douceur d'une
joie toute céleste. Cîteaux est sans doute de ces terres
bénies. Que de grâces n'y sont pas descendues depuis le
jour où saint Robert de Molesme, cherchant une soli-
tude plus profonde, pénétra jusque dans ces lieux, encore couverts de marais et de broussailles, retraite des
bêtes sauvages, et se mit, avec l'aide de quelques compagnons, à les défricher de ses propres mains ! Depuis
cette époque, c'est-à-dire depuis près de huit siècles, que
d'âmes généreuses, fuyant la corruption du monde, n'y
sont pas venues mener, dans des corps terrestres et
mortels, une vie toute céleste ! J'y vois accourir le jeune
Bernard, déjà l'ornement de la Bourgogne et le futur
défenseur de l'Eglise, et à sa suite Hugues de Mâcon, et
tant d'autres qu'il serait trop long d'énumérer. Comme
le grain de senevé de l'Evangile, qui devient bientôt un
grand arbre sur les branches duquel les oiseaux du ciel
aiment à se reposer, cet ordre célèbre étend au loin ses
rameaux, offrant partout aux âmes pures un sûr abri
contre les dangers du siècle. Qui pourrait compter les

monastères qui relevaient de ce chef d'ordre ? Comment nommer tous les pontifes qu'il a donnés à l'Eglise, tous les élus qu'il a formés pour le Ciel ? Longtemps Cîteaux resta l'asile de l'innocence et le séjour chéri de la piété.

Mais après avoir donné au monde l'édifiant spectacle de l'innocence conservée, Dieu voulait également lui offrir dans ces mêmes lieux, un autre spectacle non moins salutaire, et peut-être plus utile de nos jours, celui de l'innocence recouvrée. La foi nous apprend qu'il y a deux sortes d'innocence : l'une, qui reçue au saint baptême, se conserve par un privilège devenu bien rare parmi nous ; l'autre qui, après avoir été perdue par le péché, se répare dans les travaux de la pénitence. Toutes deux sont précieuses devant Dieu ; et cependant il arrive que, je ne sais par quelle secrète beauté, la seconde touche plus vivement son cœur, et qu'il y a plus de joie au Ciel pour un seul pécheur qui se convertit, que pour quatre-vingt-dix-neuf justes qui persévèrent. Et, en effet, dit le Sage, que sait-il, celui que la tentation n'a pas encore éprouvé ? préservé du mal, moins peut-être par sa propre vertu que par le privilége de sa naissance, ou par d'heureuses circonstances qui l'ont mis à l'abri des grandes tentations, sait-il si, exposé aux mêmes dangers, il n'aurait pas éprouvé les mêmes faiblesses ; ou si, au contraire, la violence de ses passions ne l'aurait pas jeté dans de plus funestes écarts : *Qui non est tentatus, quid scit ?* Mais avoir le courage de se relever après être tombé ; mais vaincre des passions qui, nous ayant surpris dans un moment de défaillance, avaient peut-être, avec le temps, fortifié leur empire ; mais savoir réparer le passé, reconquérir le rang que l'on avait perdu, le dépasser même, s'il se peut: quoi de plus noble, de plus grand, de plus digne de l'admiration de Dieu et des hommes ? N'est-ce point là ce repentir que notre grand orateur élevait au-dessus de l'innocence même ? Et des fautes ainsi répa-rées ne sont-elles pas de celles que l'Eglise appelle heu-reuses, tant les suites en sont devenues profitables !

Or, c'est là le nouvel enseignement que Dieu voulait nous donner à Cîteaux; il voulait que ces mêmes lieux, autrefois témoins des paisibles joies de l'innocence, le devinssent également des généreux efforts du repentir et des rudes labeurs de la pénitence; il voulait apprendre par là au pécheur, à ne point désespérer de lui-même, mais à chercher dans la religion qui l'a sanctifié, la vertu toute-puissante qui doit le relever et le régénérer.

Comme pour rendre cette leçon encore plus sensible, la divine Providence permit que Cîteaux devînt dans l'in-tervalle le théâtre d'une expérience bien différente, et que le monde y montrât aussi ce qu'il sait faire, ou plutôt, à quel abîme il aboutit lorsqu'il veut se passer du se-cours de la religion. Il n'est sans doute pas nécessaire de vous rappeler les ridicules tentatives de ces prétendus réformateurs qui, rêvant je ne sais quelle transforma-tion sociale, voulaient conduire l'homme au devoir par le plaisir, et même les confondaient l'un avec l'autre. In-sensés ! ils ne comprenaient pas que, depuis la chute ori-riginelle, l'homme ne doit plus se proposer ici-bas que la pratique austère de la vertu, se défendre du plaisir sensible comme de la plus dangereuse séduction, et re-mettre à la vie future les joies de la récompense. Vous savez assez quelles furent les suites inévitables de cette folle entreprise : des sommes immenses promptement dissipées, une terre naturellement fertile retombée presqu'en friche, la ruine et la honte succédant aux scandales et aux fêtes. C'est le moment que Dieu semblait avoir choisi pour établir à Cîteaux l'œuvre réparatrice de Saint-Joseph, et faire voir quelle différence sépare les entreprises qu'il inspire de celles qu'enfante l'esprit humain livré à lui-même. Commencée avec de vastes ressources, et même avec une certaine industrie qui plus tard a fait ses preuves, l'œuvre des disciples de Fourier aboutit à une prompte ruine ; formée presque sans aucun secours temporel, mais fondée sur la religion et soutenue de la vertu d'en haut, l'entreprise du P. Rey s'élève rapidement au plus haut degré de prospérité. A ces traits éclatants, comment méconnaître, ô mon Dieu! l'action de votre main toute-puissante? C'est vous qui avez tout conduit, et la merveille est sous nos yeux : *A Domino factum est istud, et est mirabile in oculis nostris.*

Le triste état d'abandon dans lequel se trouvait l'antique abbaye devait en favoriser l'accès à la Congrégation de Saint-Joseph, trop pauvre pour oser former de vastes projets.

Une de ces âmes généreuses que nous avons déjà appris à connaître, conçut la pensée d'acheter cette terre pour la lui confier. Elle s'en ouvrit au P. Rey, qui, sentant déjà sur ses épaules le lourd fardeau de la maison d'Oullins, s'effraya d'abord à la pensée d'ajouter une si grande charge à la première ; mais quand il vit avec quelle générosité on se disposait à le seconder, il ne put s'empêcher de reconnaître, à de tels signes, la volonté divine, et il accepta ces charitables avances en versant des larmes de joie. Peu de temps après, au mois de juin 1846, (comment oublier cette touchante coïncidence

avec l'anniversaire que nous célébrons ?) il vient avec
vingt et un de ses frères reconnaître cette terre nouvelle,
et en prendre possession au nom du Dieu de charité.
Venez, ô homme de Dieu, venez retrouver les traces
hélas! bien effacées, des Robert de Molesme, des Etienne,
des Albéric, des Bernard; venez faire revivre à Cîteaux
la beauté des anciens jours, venez lui rendre sa première
gloire. Qu'ils sont beaux, les pieds de ceux qui nous an-
noncent la paix, qui nous apportent de si grands biens:
*Quam speciosi pedes evangelizantium pacem, evangeli-
zantium bona !* Apôtres de la charité, ne craignez pas
de vous confier à l'hospitalité de notre généreuse
Bourgogne; quand elle vous aura connus, non-seulement elle applaudira à votre dévouement, mais elle
se fera un honneur de vous posséder, comme un devoir
de seconder vos efforts.

Ce jour est enfin venu, et nous en sommes les heureux
témoins; mais reportez-vous par la pensée au moment
où le P. Rey, entouré de ses compagnons, abordait en
ces lieux. Que de difficultés n'allait-il pas y rencontrer !
Tout était à créer. Il ne suffisait pas de rendre à une
terre devenue presque stérile son ancienne fertilité,
il fallait pourvoir aux besoins de la colonie, donner à
l'œuvre tout le développement auquel elle était appelée
et que réclamait l'étendue même du sol qu'elle occupait;
et néanmoins, tout en accroissant la communauté
de tant de nouveaux membres, bien se garder d'en
altérer l'esprit. Que de précautions à prendre! que
d'obstacles à surmonter ! Aux embarras du dedans,
ajoutez ceux du dehors : les défiances qui accueillaient
naturellement une œuvre nouvelle dont le but était
encore mal connu; les contradictions tantôt sourdes,

5

tantôt déclarées, que l'impiété ne pouvait manquer de susciter à une entreprise fondée sur la religion. Songez aux redoutables événements qui se préparaient, et dont la colonie allait ressentir l'inévitable contre-coup; comment suffire à une si grande tâche ? où trouver la force nécessaire pour triompher de tant de difficultés ?

Dieu, qui avait si visiblement conduit jusqu'ici son serviteur, ne pouvait pas l'abandonner alors qu'il avait un si pressant besoin de son appui. Ne l'avait-il pas d'ailleurs revêtu des qualités les plus propres à assurer le succès de cette grande entreprise ? Ne lui avait-il pas donné cette prudence consommée qui sait choisir en toutes choses les moyens les plus sûrs et les plus efficaces ; cette inébranlable constance qui surmonte tous les obstacles ; enfin cette charité sans bornes qui, ne reculant devant aucun sacrifice, s'immole elle-même pour la gloire de Dieu et le salut des âmes ?

La prudence est cette lumière intérieure qui nous dirige, qui nous éclaire, qui nous découvre de loin les obstacles, et nous apprend à les éviter. Rien n'échappe à sa pénétration ; elle étend ses vues jusque dans l'avenir, et en dispose pour ainsi dire à son gré. C'est une sorte de participation de l'éternelle sagesse par laquelle Dieu gouverne le monde et le conduit par des voies toujours sûres à ses fins cachées. Aussi est-ce du Père seul des lumières que découle un don si parfait; il le communique à qui il lui plaît, mais il le répand avec une spéciale abondance sur ceux qu'il destine à l'exécution de ses desseins. C'est ainsi qu'ayant autrefois choisi Béséléel pour travailler à la construction de son Tabernacle, il déclarait à Moïse qu'il avait rempli ce fidèle serviteur « de sagesse, de science et d'intelligence pour toutes sortes d'ouvrages. » Dieu, qui appelait le P. Rey à une œuvre non moins grande ni moins difficile, lui communique en même temps ses lumières.

A peine établi à Cîteaux, le fondateur donne des marques de cette haute sagesse qui le guidait, par la promptitude avec laquelle il fait tomber les défiances qui l'avaient accueilli à son arrivée; des secours habilement ménagés pendant la disette de l'année 1847, font sentir les avantages du nouvel établissement et le rendent chaque jour plus cher à toute la contrée. Mais ce n'était là que la moindre partie de sa tâche; il ne suffisait pas d'avoir dissipé d'aveugles préjugés; il fallait savoir occuper une nombreuse jeunesse, il fallait surtout changer les cœurs, réformer les caractères, soumettre au joug de la règle des volontés déjà rebelles. Quelle délicate entreprise et que de dangers à craindre, soit que l'on resserre trop les liens de la discipline, ou qu'on les relâche par excès d'indulgence! Lorsqu'une œuvre est fondée, il semble aux esprits inattentifs qu'il n'en ait rien coûté de l'établir, tant la marche en paraît aisée et facile! Mais quand tout était à faire, qu'il fallait assembler, ordonner, fondre ensemble tant d'éléments divers pour en former un seul corps animé du même esprit, quelle prudence, quel tact, quelle connaissance approfondie du cœur humain n'étaient pas nécessaires! Mais, nous l'avons dit, Dieu lui-même éclaire son serviteur; il lui communique le don si rare du discernement des esprits, qui, en le faisant pénétrer en quelque sorte jusqu'au fond des cœurs, lui permet de les manier et de les façonner à son gré. Il lui découvre ce grand secret de l'art de conduire les hommes : que tout gît dans la persuasion; que l'autorité toute seule ne suffit pas; que la contrainte est encore plus impuissante; mais que tout cède au doux empire d'une parole amie qui, au lieu de commander avec hauteur, se contente d'exhorter avec bonté, et quelquefois même condescend à prier, alors qu'elle aurait le droit d'ordonner. Et si, à ces paternelles exhortations, vient se joindre l'exemple de la part de celui qui pourrait se dispenser de le donner, comment résister à l'attrait d'une si douce persuasion?

Le P. Rey donne le premier, à ses enfants, l'exemple des vertus qu'il leur prêche. Il voulait leur apprendre à se relever par l'obéissance et le travail; il mènera donc une vie pauvre, austère, toute de privations, ayant la même nourriture qu'eux, couchant comme eux sur la paille. Il fera plus, il prendra lui-même l'instrument de travail, et pour faire taire tous les murmures, il se réservera la tâche la plus pénible. Et je le vois, ce prêtre vénérable, qu'entoure déjà l'admiration publique, je le vois, couvert d'un habit grossier, occupé dans quelque coin obscur à creuser un sillon, à curer un fossé, ne dédaignant pas d'appliquer ses mains sacrées aux ouvrages en apparence les plus vils et les plus rebutants. Mais, ô homme de Dieu, ne craignez-vous pas de vous dégrader vous-même en vous abaissant à de telles occupations? Ne suffisait-il pas à votre zèle d'exhorter, de prier, au lieu de descendre à exécuter vous-même ce que vous commandez? Je l'entends me répondre que l'œuvre à laquelle il s'est consacré sort des règles communes, et ne veut pas être jugée par les lois ordinaires; qu'il ne fait que suivre les traces des saints religieux qui l'ont précédé, et qui ont arrosé ces mêmes terres de leurs sueurs; pour achever de me convaincre, il me montre le propre Fils de Dieu, prenant la forme de l'esclave et commençant, dit l'écrivain sacré, par faire lui-même ce qu'il venait ordonner : *Cœpit facere et docere.* Ainsi parle la sagesse d'en haut, ignorante de nos petites susceptibilités, dédaigneuse de nos fausses délicatesses.

Mais aussi quelle n'est pas la force d'une telle prédication? Les enfants du vénérable Supérieur s'empressent autour de leur Père; ils s'estiment heureux de travailler à ses côtés; tous rivalisent d'ardeur avec lui, et l'on ne sait ce que c'est à Cîteaux que des mains oisives et inoccupées.

Dieu, qui avait fait si bien comprendre au saint fondateur la puissance de l'exemple et l'empire de la persuasion, lui découvre un autre secret non moins important pour quiconque entreprend de réformer les hommes : c'est qu'il ne faut jamais désespérer d'aucun d'eux, ni surtout leur permettre de désespérer d'eux-mêmes.

Quelque perverti qu'il paraisse, le cœur humain n'est jamais si profondément gâté qu'il n'y reste encore quelque partie saine et intacte; cette divine image que la main du Créateur a imprimée dans notre âme, n'est pas tellement effacée que l'on n'en retrouve encore des traces, ni la grâce du baptême tellement éteinte qu'on ne puisse la faire revivre. Tant que l'homme respire, dit l'un des Pères de l'Eglise qui ont pénétré le plus avant dans les secrets de notre nature, on ne doit pas désespérer de lui; il peut bien être privé de la lumière intérieure qui l'éclairait, mais jamais entièrement, aussi longtemps du moins qu'il voit le jour : *Ab interiori luce Dei secluditur, sed nondum penitus, quum in hac vita est.* C'est ainsi que parle l'illustre docteur de la Grâce, saint Augustin. Maxime d'une profonde sagesse, vraie

surtout quand elle s'applique à la jeunesse, à cet âge où
les premières impressions subsistent, et où l'homme n'a
pas encore eu le temps de détruire l'œuvre de Dieu au
dedans de lui-même. Rechercher dans les âmes ce qu'il
y reste encore de justice et de droiture; les réveiller
tantôt par un reproche, plus souvent par un paternel
encouragement; faire sans cesse appel aux sentiments
généreux, les supposer là même où ils sembleraient
faire absolument défaut : voilà le grand art de toucher
les cœurs, de les changer, de les transformer. Et qui le
possédait mieux que votre sage fondateur ? d'un mot,
d'un geste, d'un regard il savait dompter les volontés
les plus rebelles, et les conduire toutes frémissantes au
but qu'il voulait atteindre. Aussi quelles belles victoires
n'a-t-il pas remportées! Rappelez-vous le trait de ce
jeune homme qu'une mère désolée lui amenait malgré
lui, et qui nourrissait au-dedans de lui les plus noirs
projets. Le Père le voit, il lit sur son visage la vengeance
dont son cœur est rempli ; il feint de ne pas s'en
apercevoir; et lui témoigne tant de bonté, de douceur,
de confiance, que ce jeune meurtrier, (il l'était par la disposition de son esprit,) se sent vaincu, et dépose de son
plein gré deux armes qu'il tenait cachées dans son
sein, et dont l'une était destinée au P. Rey et l'autre à
lui-même.

Au reste, la vigilance du P. Rey ne néglige rien de ce
qui regarde ses enfants. Il règle, avec une merveilleuse
sagesse, l'emploi de leur temps, ayant soin de laisser
une part suffisante à la culture de l'esprit. Les travaux
manuels sont ordonnés de telle sorte que chacun puisse
suivre, tout en coopérant au bien commun, son attrait
particulier dans le choix d'un état, et se préparer ainsi

une honorable carrière. Des récompenses sagement distribuées entretiennent dans les cœurs la flamme généreuse de l'émulation. Il n'est pas jusqu'aux récréations et aux jeux qui ne soient l'objet de ses soins ; pour donner plus de précision et de vivacité aux mouvements, il aura recours à cet appareil militaire qui plaît tant à la jeunesse, et qui la forme de bonne heure au noble métier des armes. Est-il donc trop tôt de préparer à la patrie, qui en a tant besoin, de vaillants défenseurs, et, espérons-le aussi, de dignes vengeurs ? En un mot, tout ce que la sollicitude la plus éclairée, tout ce que le zèle le plus actif peut imaginer de plus avantageux, soit pour fortifier les corps, soit pour cultiver les esprits et les remplir de nobles sentiments, le fondateur le recherche et l'applique. Bien loin de se contenter du progrès accompli, il songe sans cesse à de nouvelles améliorations ; à l'exemple de l'apôtre, il oublie le chemin parcouru pour s'élancer en avant, et tendre par un continuel effort à une plus haute perfection.

La sollicitude de ce bon Père pour ses enfants ne se bornait pas au présent, elle s'étendait encore à l'avenir ; elle les suivait dans la carrière où ils devaient entrer ; et comme son zèle tout seul ne pouvait suffire à cette nouvelle tâche, il songeait depuis longtemps au moyen de leur procurer des protecteurs, des amis qui les accueillissent au sortir de cet asile et voulussent bien leur donner ces conseils, cet appui si nécessaire à leur inexpérience. L'établissement de ce patronage lui semblait le complément indispensable de son œuvre et il n'eut point de repos qu'il ne l'eût obtenu. Quelle ne fut donc pas sa joie lorsqu'il vit ce que notre province renferme de meilleur et de plus distingué, comprendre si bien sa pensée et ré-

pondre si généreusement à son appel! Ce fut là, il le
témoignait hautement, l'une des plus douces satis-
factions qu'il ait goûtées à la fin de sa carrière, et c'est à
vous, Messieurs, qu'il la doit. Souffrez qu'il vous en
remercie aujourd'hui par ma bouche, et qu'au nom de
ses collaborateurs comme de ses enfants, je vous témoigne toute la consolation que leur apporte votre
présence à cette douloureuse cérémonie, et quelle juste
confiance elle leur fait concevoir pour l'avenir.

Mais, tout en s'occupant avec tant de sollicitude de
ses enfants, le P. Rey ne néglige pas une autre partie
de sa tâche, qui n'était sans doute pas la moins impor-
tante : je veux dire la formation de cette pieuse Société
qui devait être la gardienne de son œuvre, qui en est
l'appui nécessaire, et sur laquelle tout va reposer après
lui. Ici, je ne puis dire toute ma pensée ; je craindrais
de blesser la modestie de ses dignes collaborateurs, et
principalement de ce prêtre aussi habile que dévoué
qu'il a choisi pour son successeur, et que, nouvel Elie,
il a, comme un autre Elisée, revêtu de son esprit et de
sa vertu. Qu'il me soit toutefois permis, pour rendre
hommage à la sagesse du vénéré fondateur, de rappeler
avec quelle mesure il a su tempérer les divers éléments
de sa Société, mettant à la tête de la famille les prêtres,
ministres de J.-C., chargés d'entretenir dans tout le
corps cet esprit de Dieu, sans lequel il ne tarderait pas
à se corrompre et à se dissoudre. Il leur a donné pour
auxiliaires ces bons Frères dont on ne saurait assez louer
le dévouement, qui, s'inspirant du même esprit, tra-
vaillent à l'envi à former par leurs conseils, et surtout
par leurs exemples, les enfants spécialement confiés à
leurs soins. Et comme la famille ne saurait être com-

plète, si la tendresse maternelle ne venait se joindre à la fermeté de l'autorité paternelle, particulièrement à l'égard des plus jeunes, le Père fait appel au dévouement religieux, toujours si fécond dans notre France; à sa voix de pieuses filles, s'arrachant à leurs propres familles, accourent de toutes parts pour adopter ces enfants, et leur tenir lieu et de sœurs et de mères.

O famille de saint Joseph, que tu es belle dans ta variété et tout ensemble ta merveilleuse unité! Ici chacun a sa place marquée et ne songe qu'à la bien remplir. Loin de nuire à l'union des esprits, la diversité des emplois la fortifie, chacun aimant à travailler au bien commun, et profitant, en retour, des efforts de tous. La gloire de Dieu, le salut des âmes, tel est le but que tous poursuivent; c'est le lien qui unit toutes les volontés. Heureux enfants de saint Joseph! que de fois ne devez-vous pas vous écrier avec le Roi-Prophète : « Qu'il est doux, qu'il est avantageux d'habiter ensemble comme des frères, de n'avoir tous qu'un même esprit et un même cœur : *Ecce quam bonum et quam jucundum habitare fratres in unum!* »

Le Père est le modèle et l'âme de sa Congrégation, qu'il forme encore moins par ses paroles que par ses exemples. Il s'abstient, par un rare trait de prudence, de lui donner des règles trop précises, qui pourraient la mettre à l'étroit et en gêner le développement. Content d'avoir marqué les grandes lignes de son œuvre, d'en avoir bien fixé l'esprit, il laisse au temps et à la sagesse de ses successeurs le soin de déterminer ce qu'il lui a suffi d'indiquer. Telle est la vraie prudence : toujours défiante d'elle-même et de ses propres lumières, elle n'agit que dans la mesure précise où il convient de le faire, se

gardant bien de prévenir, par un vain désir de paraître,
l'opportunité des circonstances et la maturité des événements. Au reste, ne croyez pas que la prudence du
P. Rey soit de ces prudences timides et pusillanimes
qui n'osent agir, qui, ne sachant ni prendre un parti ni
se déterminer à propos, laissent échapper l'occasion
favorable. La prudence du Père est pleine d'action et au
besoin de hardiesse ; autant il est lent à se déterminer
lorsque les circonstances lui laissent le temps de la
réflexion, autant, si l'occasion l'exige, il sera prompt à
prendre son parti ; et que de fois ses décisions, aussi
judicieuses que soudaines, ont prévenu un danger
imminent, ou procuré une amélioration nécessaire !

S'il fallait au P. Rey une prudence consommée pour
asseoir sur des bases solides l'œuvre si difficile qu'il avait
entreprise, une inébranlable constance ne lui était pas
moins nécessaire pour la développer, l'affermir et la
mettre à couvert des dangers de toute sorte que les circonstances et la nature même de cette œuvre ne pouvaient
manquer de faire naître. Mais, de même qu'il communique à ses serviteurs les lumières de sa sagesse, Dieu les
arme d'un courage supérieur à tous les dangers. « Fils de
l'homme, disait-il autrefois à son Prophète, ne crains rien :
Fili hominis, ne timeas. » Dans la voie où je t'introduis, il
se rencontrera des difficultés, des obstacles ; mais « voici
que je t'ai donné un front plus dur que celui de tes con-
tradicteurs, et un visage aussi ferme que le diamant :
*Ecce dedi frontem tuam duriorem frontibus eorum ; ut
adamantem dedi faciem tuam.* » Dieu avait mis dans
le cœur du Père une fermeté et une hardiesse qui
avaient paru en lui dès sa jeunesse, et qui, plus d'une

fois, excitèrent l'admiration de ses condisciples. C'est uniquement dans le secours d'en haut qu'il mettait sa confiance. Appuyé sur le bras de Dieu, dont il se regardait comme le simple instrument, le saint fondateur poursuit tranquillement sa marche à travers tous les obstacles : ni les contradictions ne l'étonnent, ni les accidents les plus imprévus ne l'arrêtent, ni les désastres les plus grands n'abattent son courage. Vous n'avez sans doute pas oublié les redoutables événements de 1848, alors qu'un peuple égaré portait l'incendie et la ruine dans cette maison d'Oullins qui n'avait été bâtie que pour lui. Quelle douleur pour le cœur du P. Rey, qui voyait ainsi périr en un moment le fruit de tant de travaux, le berceau de son œuvre, par la main même de ceux pour lesquels il n'avait cessé de se dévouer! Tant d'aveuglement joint à tant d'ingratitude ne lui arrache ni plainte ni murmure; adorant les desseins de Dieu qui semblait, par la ruine d'Oullins, l'inviter de plus en plus à faire désormais de Cîteaux le centre et le siège principal de sa Congrégation, il se contente de remarquer que, s'il s'était trouvé sur les lieux, il aurait (c'était du moins son espoir) prévenu ce désastre, et épargné à la foule un crime inutile. Conjecture qui pourrait paraître téméraire, mais qui n'avait rien que de fondé, si l'on se rappelle la surprenante victoire qu'il avait déjà remportée en 1834, par son courage et sa présence d'esprit, sur une insurrection non moins redoutable.

Mais ce ne devait pas être là la seule épreuve que Dieu réservait à sa constance. Il n'était pas encore remis de l'embarras que lui causait la ruine de son premier établissement, lorsqu'il voit Cîteaux, dans lequel se renfermaient toutes ses espérances, menacé à son tour. Un ordre parti de Dijon lui prescrit de renvoyer ses enfants, de disperser ses Frères, et de fermer à bref délai sa maison. Ainsi donc, tant d'années d'efforts et de peines allaient être perdues, les espérances de l'avenir dissipées, et cette œuvre, l'unique but de sa vie, condamnée à périr : quel coup plus propre à ébranler le plus ferme courage! Apprenez ici à connaître toute la force d'âme du P. Rey : un ordre si soudain, si injuste, si bien fait pour le troubler, pour le désespérer, lui laisse tout son calme. Il vient à Dijon, il voit le Commissaire du gouvernement, il lui parle, et tel est l'ascendant de son caractère, que non-seulement ce commissaire retire l'ordre qu'il avait donné, mais qu'il se déclare lui-même hautement protecteur d'une œuvre dont il a reconnu l'utilité et le but populaire. Et, en effet, le gouvernement, mieux éclairé sur ses véritables intérêts, bien loin d'inquiéter l'œuvre de Saint-Joseph, se fait un devoir d'en favoriser le développement; de sorte qu'un événement qui semblait devoir la détruire, devient au contraire pour elle la source d'une nouvelle prospérité. Tant il est vrai que tout se tourne en avantage pour les amis de Dieu, même ce qui paraissait d'abord devoir leur être le plus funeste : *Diligentibus Deum omnia cooperantur in bonum.*

Le sage fondateur se hâte de mettre à profit de si heureuses dispositions, que continue de lui témoigner le gouvernement suivant. Grâce à cet appui, grâce surtout à son zèle persévérant, Oullins se relève de ses ruines ; une nouvelle colonie se fonde à Saint-Genest-Lerpt, aux portes de l'industrieuse cité de Saint-Etienne, qui rivalise de générosité avec Lyon ; et cette longue, mais trompeuse prospérité dont nous jouissions, lui sert du moins à étendre et à fortifier son institution. Hélas! cette prospérité ne devait pas toujours durer ; des désastres trop connus viennent en interrompre le cours, et du comble de la grandeur, nous précipiter dans la confusion et la ruine. Je ne veux pas vous retracer ici les douleurs et les hontes de l'invasion étrangère, dont le flot sans cesse grossissant pénètre jusqu'au cœur de notre Bourgogne. Qui n'a encore ces douleurs présentes ? qui les oubliera jamais ?... Mais dans ces maux communs à tous, laissez-moi considérer un moment les épreuves propres à Cîteaux, que sa situation sur les limites de l'occupation ennemie expose à de si étranges vicissitudes. Dans ces confuses alternatives de victoires douteuses et de défaites trop certaines, de marches en avant toujours suivies d'une si prompte retraite, l'antique abbaye se voit exposée tour à tour aux exigences d'un vainqueur aussi insolent qu'avide, et aux déprédations d'une troupe étrangère, accourue de tous les points de l'Europe sur notre sol, comme des oiseaux de proie sur un champ de carnage ; de sorte qu'on ne savait de qui l'on avait plus à souffrir, ou de nos ennemis ou de nos prétendus défenseurs. Ces riches plaines sont foulées aux pieds, leurs ressources épuisées ; et, pour comble de maux, le P. Rey est jeté en prison, et sa tête vénérable choisie par l'ennemi pour être le gage d'une sécurité que ni ses troupes innombrables, ni ses canons ne suffisaient à lui garantir. Dans ces cruels moments, que de tristesses, que d'angoisses !... Mais détournons les yeux de ce hideux spectacle pour les reposer sur le visage calme et serein du courageux vieillard, qui, toujours semblable à lui-même, tient tête à l'orage, dérobant ce qu'il peut à l'avidité de l'ennemi, et donnant sans calculer à tous ceux qui se portaient pour nos défenseurs. Il ne sort qu'une seule fois de ce calme : c'est lorsqu'il voit son patriotisme mis en suspicion par ceux à qui il en a donné tant de marques. Mais des voix autorisées se font entendre, qui rendent enfin justice au dévouement, à la générosité, au patriotisme du vénérable fondateur.

Qui pourrait mieux que vous, Monsieur le Supérieur, raconter ces tristes événements, vous qui en fûtes, avec vos Frères, le continuel témoin ? Vous avez partagé les angoisses de votre Père, vous avez couru les mêmes dangers ; et je ne puis me représenter sans effroi ce moment redoutable où, accusé de trahison par ceux-là mêmes de nos imprudents compatriotes que vous vouliez sauver, vous fûtes conduit par eux, le pistolet sur la gorge, jusqu'aux avant-postes prussiens, dont vous leur aviez signalé la présence ; vous vous demandiez de quel côté vous viendraient les premiers coups, prêt à faire le sacrifice de votre vie, pourvu que Dieu vous épargnât la douleur de périr par la main de vos frères. Content de cette disposition de votre cœur, Dieu conserva une vie non moins précieuse à Cîteaux que celle de votre Père, dont vous commenciez déjà à tenir la place. Les mêmes dangers avaient révélé en vous la même grandeur d'âme ; et vos enfants purent se dire avec confiance que le jour où ils auraient le malheur de perdre leur premier Père, ils le retrouveraient tout entier en vous.

Vous venez d'admirer avec moi, chrétiens, ce que peut la constance dans un cœur qu'elle soutient et anime. Mais ce n'est pas seulement dans les grandes occasions que cette vertu a lieu de paraître ; elle constitue, pour ainsi dire, le fond de la vie chrétienne, et il n'y a guère de circonstances où elle ne soit d'usage. Quelle persévé-

rance ne fallait-il pas pour soutenir jusqu'au bout, pendant
près d'un demi-siècle, cette vie si laborieuse, si austère, si
capable de rebuter les plus fermes courages ; pour donner sans cesse à tous l'exemple du zèle le plus actif, du
plus complet dévouement ; pour étouffer les abus nais-
sants, pour promouvoir les progrès nécessaires ; pour
contenir, dans leurs justes limites, les éléments si divers dont se composait son institution, et imprimer, pour
ainsi dire, à cette vaste machine une marche toujours
uniforme et toujours régulière ? Le Père suffit à tout ;
tout part de sa puissante main, et sa grande âme remplit tout le corps des sentiments qui l'animent.

Mais d'où lui venait, me direz-vous, tant de courage,
tant de zèle et de dévouement ? Quel était le principe de
tant d'efforts accomplis pour le succès d'une œuvre belle
sans doute, mais en même temps si difficile et parfois
si ingrate ? N'en cherchez pas d'autre que la charité
sans bornes qui l'animait ; le P. Rey aime Dieu, il
aime ses enfants : voilà le grand ressort qui le fait mou-
voir, c'est là tout le secret de son dévouement, et, je n'hé-
site pas à le dire, de ses succès.

Il aime Dieu : il est jaloux de sa gloire, il veut sancti-
fier son saint nom ; il veut faire honorer son Eglise, en
montrant la vertu toute céleste dont son divin fondateur
l'a revêtue. C'est là la source élevée à laquelle il puise
ses plus nobles inspirations, et la force de les suivre.

Au reste, sa piété, toujours simple et pratique, ne se sur-
charge pas d'observances incompatibles avec ses autres devoirs. La célébration du Saint-Sacrifice dans
lequel, immolant l'auguste Victime, il trouve le courage
de s'immoler chaque jour lui-même pour ses enfants ;

la lecture de la Bible, qui lui offre, dans la vie des anciens patriarches, une si fidèle image de la sienne; ou bien encore quelques pages de ce livre admirable qui, en proposant le divin Maître à notre imitation, pénètre nos cœurs d'une si douce onction; l'oraison dans laquelle l'âme, s'élevant jusqu'à Dieu, redescend ensuite avec moins de péril sur la terre et porte dans les occupations les plus vulgaires, cet esprit intérieur qui les vivifie et les transforme; enfin cette touchante couronne de prières que la piété filiale de l'Eglise a consacrée à la Mère de Dieu, et qui occupe si fructueusement le cœur sans détourner les mains de leurs travaux : tels sont les exercices ordinaires du saint prêtre, et ils suffisent à sa forte piété. Mais, s'il est moins assidu au pied des autels, si ses occupations le réclament au dehors, il saura bien retrouver son Dieu au milieu des merveilles de la nature qui nous rappellent si vivement leur auteur. N'est-ce pas dans ces mêmes campagnes que tant de saints religieux se sont formés avant lui? Ces hêtres et ces chênes de la forêt ne sont-ils pas ceux avec lesquels Bernard aimait autrefois à s'entretenir, et qui lui parlaient si éloquemment de Dieu, de sa sagesse et de son inépuisable bonté? Adorer le Seigneur dans ses œuvres, le prier, le remercier, élever son âme jusqu'à lui, tandis que le travail tient le corps courbé vers la terre, voilà, mes enfants, ce que votre Père n'a cessé de pratiquer, voilà les grands exemples qu'il vous a donnés.

Mais l'amour qu'il avait pour son Dieu rejaillit également sur vous. N'êtes-vous pas les enfants du Père céleste, les frères de Jésus-Christ, rachetés au prix de son sang? N'êtes-vous pas la portion chérie de sa grande famille? car il n'en est pas du royaume de Dieu comme de ceux du monde; en ceux-ci, c'est le nom, la fortune et les hautes dignités qui décident du rang; mais, dans l'Eglise de Jésus-Christ, le pauvre, l'orphelin, celui que le monde repousse ou dédaigne, voilà le privilégié, celui pour lequel cette tendre Mère réserve ses préférences et ses tendresses. Ne craignez donc pas, ô enfants, de vous approcher de votre Père : il voit en vous les élus de son Dieu, ses meilleurs amis; il se revoit lui-même; pourrait-il oublier que, comme vous, il fut pauvre et orphelin; comme vous, exposé à toutes sortes de dangers? Ah! il sait ce qu'un monde sévère et injuste ignore ou ne veut pas comprendre, et ce n'est pas lui qui vous repoussera! Non; mais il veut vous aimer pour ceux qui ne vous aiment pas! il veut vous venger de leur froideur ou de leur dédain par toute la vivacité de sa tendresse!

Le P. Rey ne semblait vivre que pour ses enfants; c'est à eux que se rapportaient toutes ses pensées. Leurs joies étaient ses joies; leurs tristesses, ses tristesses; leurs succès, ses propres succès. Avec quelle satisfaction et, si je puis le dire, quel paternel orgueil il recueillait les éloges donnés à leur conduite, les récompenses décernées à leurs travaux! Avec quelle sollicitude ne suivait-il pas les aînés de ses enfants dans la carrière, encourageant leurs efforts, applaudissant à leurs succès, relevant leur courage parfois abattu, et s'efforçant d'aplanir les obstacles sous leurs pas! et quand il les revoyait sous son toit hospitalier, avec quelle effusion il les pressait sur son cœur! Leurs enfants devenaient ses propres enfants; sa joie la plus douce était de recevoir ces tendres rejetons, de les placer sous l'aile maternelle de ses

7

filles, de les former à leur tour, par les mêmes leçons,
aux mêmes vertus.

Il ne craignait pas, vous le savez, de descendre aux
soins les plus vulgaires ; on le voyait quelquefois, ceint
du tablier, promenant l'ivoire sur la tête des plus jeunes,
et leur prodiguant ces marques de tendresse qu'une
mère seule sait donner. Dieu qui se glorifie lui-même
d'avoir pour ses enfants toutes les délicatesses de l'a-
mour maternel, le destinant à une mission pour laquelle
l'affection paternelle a peine à suffire, l'avait rendu par-
ticipant de cette exquise bonté qu'il a versée dans le
sein de nos mères, et qui fait de leur cœur notre trésor le
plus riche et le plus doux.

La bonté du P. Rey ne reculait devant aucun sacrifice ; il ne rougissait pas de tendre la main, s'il le fallait,
pour ses enfants. Rappelez-vous les premières années
de la fondation d'Oullins, alors que les ressources nécessaires faisaient parfois défaut. Il venait à pied à Lyon, et
allait frapper de porte en porte pour obtenir le secours
dont il avait besoin. Au lieu de s'asseoir aux tables hos-
pitalières qui l'attendaient, il se tenait à l'écart sur la
place Bellecour, mangeant à la hâte le morceau de pain
qu'il avait apporté avec lui, et reprenant ensuite avec
une nouvelle ardeur le cours à peine interrompu de
ses visites. Argent, meubles, vêtements, tout lui était
bon ; il se chargeait lui-même des objets les plus urgents ;
et on le voyait rentrer à la maison, tout couvert de
sueur et de poussière, mais l'air content, et le pas encore
allègre sous son lourd fardeau.

Si la gêne pénible de ces premières années passa, le
dévouement du Père resta toujours le même. Qui ne sait

qu'admis un jour à l'audience d'un prince alors puissant, et pressé par le prince lui-même de lui faire connaître ses désirs, il oublia tant de graves intérêts qui réclamaient toute sa sollicitude, pour ne songer qu'à ses enfants, à ceux-là surtout que le malheur de leur position particulière recommandait à sa tendresse : « Prince, lui dit-il avec émotion, je ne vous demande qu'une chose, la grâce de dix de mes enfants. » Qui ne sent dans cette simple parole l'accent d'un véritable père, qui ne vit plus pour lui, mais pour ceux que l'amour lui a rendus plus chers que lui-même ?

Cette paternelle affection inspirait toute sa conduite ; elle dirigeait toutes ses démarches et tempérait la sévérité de ses reproches. Il n'aimait pas à punir, persuadé que les punitions aigrissent souvent plus qu'elles ne corrigent ; et comme il craignait, principalement dans les premiers temps, qu'on ne s'écartât de ses instructions, il s'était réservé d'infliger lui-même les punitions les plus sévères, qui, est-il besoin de le dire ? n'étaient presque jamais appliquées. Mais il avait une façon de punir qui lui était propre, et qui était le plus efficace des châtiments. Un geste, un regard, son silence seul suffisait pour cela. Il apprend que quelques enfants, rebutés d'un travail plus pénible que de coutume, font entendre des murmures ; il accourt, arrache des mains de l'un d'eux son instrument de travail, descend lui-même dans la fosse fétide qu'il s'agissait de nettoyer ; et, malgré les supplications du coupable, qui lui demandait à grands cris de reprendre sa tâche, il achève tranquillement son travail, puis s'éloigne sans ajouter un mot, mais laissant dans les cœurs un trait qui ne devait plus en sortir.

On l'a dit avec raison : la charité est le don de soi, et c'est pourquoi ceux-là seuls savent aimer qui sont vraiment détachés d'eux-mêmes. Mais aussi, dans le cœur du P. Rey, quel renoncement à toutes choses! quelle abnégation! Il ne comptait pour rien ses peines, ses ennuis, ses fatigues; il ne se comptait pour rien lui-même. A moins que l'honneur de la religion ou que l'intérêt de son Institut ne le forçat à paraître, il ne se plaisait que dans l'obscurité. Il se dérobera à l'admiration publique, et se fera même quelquefois un jeu de dérouter les visiteurs indiscrets qui le recherchent. C'est en vain qu'on multiplie les marques d'honneur, son humilité croît à proportion des applaudissements qu'on lui donne; et plus on cherche à l'élever, plus il s'enfonce dans les profondeurs de son humilité. Et lorsque son œuvre s'est affermie, lorsqu'enfin il a trouvé un successeur tel que son cœur le désire, quelle est sa plus constante application, sinon de s'effacer lui-même, en disant, ce semble, avec saint Jean : « Il faut qu'il croisse et que, pour moi, je diminue : *Illum oportet crescere, me autem minui.* » Sans doute, la prudence toute céleste qui l'éclaire lui dicte cette conduite; il craint avec raison qu'un brusque changement ne mette en péril une œuvre dont le sort était jusque-là attaché à sa personne, et il juge préférable de remettre par degré l'autorité entre les mains de celui qui doit le remplacer; mais, croyez-le bien, ce n'est pas seulement cette prudence, si supérieure à toutes les vues humaines, qui le dirige ; c'est l'humilité qui le conduit. Il s'estime heureux d'être déchargé d'un fardeau qui lui pesait, et il ne goûte plus de joie que dans la retraite. Se comparant lui-même au fumier que ses mains aimaient à répandre, et qui ne nourrit jamais mieux le sol que lorsqu'il est plus soigneusement enfoui, il croyait ne pouvoir mieux servir les intérêts de son œuvre, à la fin d'une carrière si noblement remplie, qu'en donnant à tous l'exemple d'une vie silencieuse et obscure, toute consacrée à la prière et au travail. Véritable grand homme, si toute grandeur, ô mon Dieu! ne réside en effet qu'en vous, et par conséquent en ceux qui, vides d'eux-mêmes, ne se remplissent que de vous, ne vivent que pour vous!

Telle est, mes enfants, l'extrémité, et, si je puis le dire avec l'Apôtre, tel est l'excès où a conduit, sur les pas du divin Maître, la charité dont le cœur de votre Père était rempli. Il a tout sacrifié pour vous, jusqu'à cette gloire innocente de rester votre chef et votre supérieur, ne réservant pour lui que le seul titre de Père.

Le voilà, mes enfants, ce cœur qui vous a tant aimés, ce cœur d'où sont sorties tant de grandes pensées, tant de généreuses inspirations, ce cœur qui a produit Oullins, Cîteaux, Saint-Genest, l'œuvre de Saint-Joseph tout entière! Hélas! la froide mort l'a glacé; elle a éteint ce brûlant foyer de charité; il n'est plus aujourd'hui que cendre et que poussière; mais je ne craindrai pas de le dire avec Bossuet : ce cœur, tout poudre qu'il est, se réveille en ce moment, et s'attendrit à votre vue. Et en quel lieu pouvait-il reposer avec plus de joie que dans ce sanctuaire qu'il a bâti de ses mains, en présence de cet autel sur lequel il s'est immolé tant de fois. avec la sainte Victime, au milieu de ses amis, de ses frères, de ses enfants? O cœur du meilleur des pères, vous êtes le plus précieux trésor de votre famille! Continuez de l'aimer, de la protéger, de l'animer des mêmes sentiments. Vous étiez son honneur, sa gloire; soyez maintenant et à jamais sa sauvegarde!

Si votre Père vous a vivement aimés, vous, mes enfants, de votre côté, proclamons-le hautement à votre louange, vous lui avez rendu amour pour amour! Ces honneurs funèbres, sans doute les plus touchants que la piété filiale puisse rendre à la mémoire d'un père, mieux que cela, vos regrets, vos larmes témoignent assez de vos véritables sentiments. Comment auriez-vous pu rester indifférents à tant de bonté? Vous sentiez que vous lui deviez tout; et comme il ne vivait que pour vous, par un juste retour, vous ne vouliez vivre que pour lui. Aussi quel attachement pour sa personne, quel respect pour sa parole! Son exemple vous soutenait mieux que toutes les exhortations; son approbation était votre plus douce récompense; sa présence le plus bel ornement de vos fêtes. Lors même que, par mortification, par humilité, ou par quelque autre motif, il s'en tenait éloigné, il vous était agréable de penser qu'il ne cessait de prier, de travailler pour vous; et tout Cîteaux était pour ainsi dire rempli du charme de sa présence.

Hélas! pourquoi faut-il qu'un Père si tendre nous ait été enlevé, et que vous soyez réduits aujourd'hui à pleurer celui que vous étiez si heureux de posséder! Mais écartons, pour un moment, cette triste pensée, et considérons les heureux fruits de tant de zèle, de tant de sagesse, de tant de dévouement.

La transformation de cette campagne autrefois désolée, aujourd'hui si florissante, n'est qu'une faible image du merveilleux changement qui s'opère dans les âmes. Ici, le travail est en honneur; ici, la vertu fleurit et le vice n'ose plus reparaître ; ici, règnent l'obéissance et avec elle la paix, son immortelle compagne. L'on ne voit à Cîteaux que des visages contents ; le visiteur qui n'apportait peut-être ici que des pensées de tristesse, est tout surpris en arrivant d'entendre autour de lui le son joyeux du fifre, du tambour et du clairon, et de lire sur tous les fronts cette sérénité, cette paix qui est une image de celle de l'âme. Ici, les esprits s'élèvent, les cœurs se purifient, les volontés s'habituent au joug salutaire de la règle. Ici, on répare le passé et l'on assure l'avenir. Ici enfin, de jeunes plantes, foulées autrefois sous les pieds des passants, mais transplantées dans une terre meilleure et cultivées par des mains habiles, commencent à relever leur tête un moment flétrie, elles recouvrent leurs grâces et leur fraîcheur, et elles embaument toute la contrée de leurs parfums.

On accourt de toutes parts pour contempler cette merveille. Les publicistes la célèbrent à l'envi, et ceux mêmes qui semblent s'être donné la triste mission de déverser le blâme et la critique sur toutes les œuvres que la Religion inspire, n'osent condamner celle-ci. Les premiers magistrats du département lui donnent des marques publiques de leur estime ; les envoyés du gouvernement confirment de leur autorité ce favorable jugement ; et la province, je devrais dire la France tout entière, s'y associe. Le clergé entoure de ses plus vives sympathies une institution qui honore l'Eglise ; et le chef vénéré de ce diocèse, dont la parole a tant de poids et d'autorité, consacrant tous ces éloges, déclare que Cîteaux est un des plus beaux fleurons de sa couronne pontificale.

Bénie de Dieu, encouragée par les hommes, l'œuvre du P. Rey s'étend et se propage. Depuis longtemps Oullins a effacé les dernières traces de ses désastres; et la nouvelle colonie de Saint-Genest n'est pas moins florissante que ses aînées. C'est le même esprit qui règne partout, et qui partout aussi enfante les mêmes prodiges. Comment ne pas augurer favorablement de l'avenir et ne pas espérer de nouveaux progrès ? Voici qu'une œuvre nouvelle, sœur de la première, vient se réunir à elle : c'est l'*Œuvre de saint Léonard*, destinée à offrir un asile à ceux qui, ayant satisfait à la justice humaine, craignent de rentrer dans le monde où ils retrouveraient tant de défiances et peut-être de dangers. La Religion dont la mission est de soutenir le faible, d'accueillir le proscrit, ouvre à ces infortunés ses bras maternels, et leur prodigue, comme à la jeunesse abandonnée, ses consolations et ses secours ; cette œuvre si touchante, que le P. Rey regardait comme le complément naturel de la sienne, mais qu'il ne lui avait pas été donné d'établir, fondée depuis par un saint prêtre, son disciple, que je louerais plus librement s'il n'était présent à cette cérémonie, vient aujourd'hui même s'unir à la première, sous les auspices de ce grand cœur qui les avait conçues l'une et l'autre, et qui leur communiquera à toutes deux la même vigueur et la même fécondité.

Œuvres saintes ! œuvres bénies de Dieu ! (quel autre que le Dieu de charité pourrait inspirer de pareils dévouements ?) puissiez-vous grandir et prospérer ensemble ! puissiez-vous, renouvelant les merveilles de l'ancien Cîteaux, étendre partout vos rameaux, afin de faire pénétrer l'influence de la Religion jusque dans les profondeurs du corps social ! le premier avait pour but de le préserver de la corruption, en y entretenant l'amour de la vertu; puisse le second, en la ramenant dans les cœurs, guérir la société de ses maux et lui rendre son ancienne prospérité! Mais quels que soient les progrès d'une si belle institution, jamais la postérité reconnaissante n'oubliera que c'est au P. Rey qu'elle est redevable de ce bienfait.

La mission du saint fondateur est achevée. Il peut dire avec saint Paul : « J'ai terminé ma course, j'ai gardé ma foi, » cette foi précieuse qui a été en moi le premier germe du bien que je me suis efforcé d'accomplir; « il ne me reste plus qu'à attendre la couronne de justice : *Cursum consummavi; fidem servavi; in reliquo reposita est mihi corona justitiæ.* »

Dieu ne veut pas faire attendre plus longtemps à son fidèle serviteur une récompense si bien méritée. Répondant sans doute à l'un de ses secrets désirs, il lui épargne la langueur d'une longue maladie. Il le surprend dans une de ces occupations qui lui étaient chères, malgré son grand âge et l'affaiblissement de ses forces, je veux dire dans le défrichement d'une forêt. Ce n'est pas sans peine que le saint vieillard laisse ce travail inachevé ; mais il cède à la violence du mal, ou plutôt aux instances de ses Frères, qui tremblent pour des jours si précieux. Hélas! l'arrêt est déjà porté d'en haut; ni les secours de l'art, ni les soins les plus tendres de ses Frères et de ses Sœurs, ni les prières, ni les larmes de ses enfants ne sauraient en suspendre l'effet. Le mal fait de rapides progrès, et la mort s'avance à grands pas. Il la voit venir sans alarme, et se prépare à paraître devant Dieu avec la confiance du bon serviteur qui n'a rien à craindre du maître auquel il a consacré sa vie tout en-

tière. Calme et serein au milieu des plus cruelles souffrances, il tourne avec amour ses regards tantôt vers la croix
sur laquelle il contemple son Sauveur immolé pour lui,
tantôt vers l'image de saint Joseph, son patron et le protecteur de son œuvre. Cette seule vue suffit pour ramener
le calme sur son visage et le sourire sur ses lèvres.

La violence du mal ne lui fait pas oublier son œuvre,
cette œuvre si chère, l'unique but de sa vie; mais il sait
en quelles mains il l'a remise, et il envisage l'avenir
avec confiance. Comme on l'invitait à s'unir aux prières
qu'on allait adresser à Dieu pour sa guérison, il fait cette
réponse aussi honorable pour celui qui en était l'objet
que consolante pour tous ses frères : « Remerciez-le plutôt de m'avoir donné un succcesseur si capable de
continuer mon œuvre. Pour moi, ajoutait-il avec le Sauveur mourant, j'ai atteint mon but, j'ai rempli ma tâche;
tout est consommé : *Consummatum est.* » Et étendant
ses mains tremblantes sur les Pères, sur les Frères, sur
les Sœurs, sur les enfants qui l'entourent les yeux en
larmes, il regarde le Ciel, et, comme les anciens Patriarches, appelle les bénédictions d'en haut sur ceux qui
sont présents comme sur les absents, sur tous les membres de sa grande famille; puis son âme, rompant les
derniers liens qui la retenaient ici-bas, s'élève dans les
célestes demeures qu'elle habitait déjà par la vivacité de
sa foi et l'ardeur de ses désirs.

A cette nouvelle, quelle émotion non-seulement à Cîteaux, mais dans les villages environnants, mais dans
toute la province, et nous pouvons bien le dire, dans
toute la France chrétienne! On accourt de tous côtés, on
s'empresse autour de son lit funèbre, on veut contempler une dernière fois ses traits chéris, on baise avec res-

pect ces mains vénérables qui ont produit tant d'œuvres de salut, on prie, on verse des larmes; et toutefois, dans cette profonde douleur, on éprouve au fond du cœur je ne sais quelle confiance et quelle secrète consolation; au lieu de prier pour lui, on se sent pressé de recourir à lui, et l'on fait toucher à son corps béni des objets que l'on gardera comme de précieuses reliques.

Et quel magnifique concours à ses funérailles! Le clergé, la magistrature, l'administration, l'armée y ont leurs représentants. Devant cette tombe entr'ouverte, les partis eux-mêmes oublient un instant leurs divisions; tous s'accordent à honorer un homme qui honorait lui-même l'humanité. Vous revoyez en pensée cette pompe funèbre, ce concours immense d'un peuple justement ému; vous n'avez pas oublié les hommages que du haut de cette même chaire lui rendait, au nom du premier Pasteur, le prêtre vénéré qui le représente si dignement, et qui aujourd'hui encore préside à ces saintes cérémonies; vous croyez encore entendre l'éloquent adieu de cet éminent magistrat dont le rang est rehaussé par l'éclat du talent comme par la fermeté des convictions; vous avez les oreilles encore pleines de ce concert unanime de louanges qui s'élevaient de tous les rangs de l'assistance, et qui proclamaient le vénérable défunt le Père des pauvres et des orphelins, le Vincent de Paul des temps modernes, « l'un des meilleurs serviteurs de la justice et du pays (1), » l'ornement de la Religion, le bienfaiteur de l'humanité.

Éloges magnifiques sans doute, mais qui ne sont qu'un écho affaibli de la gloire qui l'attendait dans les Cieux;

(1) Paroles de M. de Cléry.

car s'il est vrai, comme l'enseigne la foi, que « Jésus-Christ
regarde comme fait à lui-même ce que l'on fait au
moindre de ses frères » ; si « Dieu est charité », s'il béatifie
d'avance « celui qui comprend la dignité du pauvre et
de l'indigent », quelle couronne ne réservait-il pas à celui
qui s'était dévoué pour les plus humbles d'entre ses frères, qui n'avait vécu que pour eux ; qui, entre les pauvres
avait choisi les plus pauvres, entre les orphelins les plus
délaissés ? Nous avons prié pour lui et nous prions encore,
parce que la religion nous en fait un devoir ; mais nous
en avons la confiance, déjà il jouit auprès de Dieu de la
récompense promise aux élus ; en quittant ce triste séjour, il est allé continuer avec l'Eglise du Ciel l'éternel
alleluia qu'il venait de commencer avec celle de la terre,
comme pour préluder à son triomphe.

Les gens de bien, disait un ancien, sont nés pour
nous servir de modèles : *Viri boni nobis nati sunt in exem-
plar.* Leurs exemples nous animent ; il sort de leurs
actions comme une vertu secrète qui nous pénètre,
nous élève au dessus de nous-mêmes, et nous rapproche
en quelque sorte du haut degré de leur perfection. Quel
est celui d'entre nous qui, à la vue des grands exemples
du saint fondateur de Cîteaux, ne se sente touché jusqu'au
fond du cœur, et ne conçoive le désir de l'imiter ? Quelle
docilité à la grâce ! quelle attention pour connaître la
volonté de Dieu et quelle générosité pour la suivre !
Quelle n'est pas la sagesse du P. Rey dans ses entreprises et toute sa conduite ! Qui n'admirerait son courage dans les plus difficiles épreuves, et son calme, sa
constance au milieu des plus pressants dangers ? Maître
de lui comme des événements, il semble les diriger à son

gré, ou, du moins, il les fait servir à ses desseins. Mais
surtout, quelle bonté, quelle charité inspire tous ses pro·
jets, dicte toutes ses paroles, règle toutes ses démarches,
et le pousse jusqu'à une entière immolation de lui-
même! Que pourrais-je ajouter, chrétiens, à de tels
exemples, et quels discours égaleront jamais de pareils
enseignements? Ah! qu'il continue lui-même de nous
enseigner, qu'il parle à nos cœurs et nous inspire à tous
de saintes pensées, de généreuses résolutions! Comme
le juste Abel, il n'a pas cessé de se faire entendre; ses
exemples, sa vie tout entière, son cœur ici présent élèvent
encore la voix et nous instruisent : *Defunctus adhuc
loquitur*.

Il vous parle, mes enfants, à vous qu'il a si tendrement
aimés; il vous exhorte à ne jamais oublier les leçons de
piété, de travail, d'obéissance qu'il vous a données. Quelque part que vous alliez, que sa douce image vous accom·
pagne. Partout ici vous retrouverez la trace de ses pas,
vous verrez l'œuvre de ses mains, vous foulerez une
terre arrosée de ses sueurs, vous respirerez l'odeur de
ses vertus. Que ce salutaire souvenir vous suive au
sortir de cette maison, et jusqu'à la fin de votre carrière;
il vous maintiendra dans le chemin du devoir, et si vous
aviez le malheur de vous en écarter, il ne tarderait pas à
vous y ramener. Ah! ne déshonorez jamais le nom
de votre Père : voilà ce qu'il vous dit par ma bouche,
voilà ce qu'il vous répète au fond du cœur : *Defunctus
adhuc loquitur*.

A vous, ses fidèles collaborateurs, à vous ses Frères,
ses Sœurs, à vous tous qui composez sa grande famille,
il laisse en dépôt l'œuvre qu'il a fondée au prix de tant
de fatigues; il laisse ses enfants, la plus chère portion

de lui-même ; il laisse le souvenir de ses leçons et de ses exemples ; il laisse un autre lui-même pour vous diriger et vous conduire. Ah! il sait bien que cet héritage ne périra pas dans vos mains, et cette pensée a consolé ses derniers moments. Du haut du Ciel, il applaudit à votre zèle, il se réjouit de vos succès, et, pour en assurer la durée, il vous exhorte à rester toujours fidèles aux traditions de dévouement, d'abnégation, d'évangélique simplicité qu'il vous a léguées : *Defunctus adhuc loquitur*.

Il s'adresse à vous aussi, Messieurs, qui vous êtes si noblement associés à son œuvre, en acceptant de devenir les protecteurs de ces enfants. Il vous conjure de ne jamais abandonner cette sainte mission, que la société et la religion recommandent également à votre sollicitude. Devenu à son tour votre protecteur, le P. Rey veillera sur vous ; à l'exemple de son Maître, il tiendra pour fait à lui-même ce que vous aurez fait pour ses enfants, et il priera Dieu de vous rendre au centuple ce que vous aurez fait pour eux. C'est l'engagement que je ne crains pas de prendre en son nom, qu'il vous donne lui-même par ma voix.

Pour nous, prêtres, avec quelle éloquence ne nous prêche-t-il pas le détachement de nous-mêmes, le zèle pour la gloire de Dieu et le salut des âmes ? Avec quelle évidence il nous montre la puissance toute divine de la charité! C'est par elle que le Christianisme a converti le monde, par elle aussi que le monde reviendra au Christianisme dont, hélas! il s'éloigne chaque jour. Telle est la grande vérité, si nécessaire à méditer, que sa vie entière nous rappelle, et que son œuvre toujours subsistante fait éclater à nos regards : *Defunctus adhuc loquitur*.

Et vous, fidèles, n'aurez-vous pas aussi quelque enseignement à retirer d'une si belle vie ? Ah ! comment s'attacher encore aux biens d'ici-bas, à la vue d'un si complet détachement de toutes choses? Comment ne pas sentir le prix des œuvres de charité, lorsqu'on leur voit produire de tels fruits ? Comment enfin ne pas supporter patiemment les épreuves de cette vie, lorsqu'on voit les plus grands travaux entrepris avec tant de joie, et les plus pénibles sacrifices accomplis avec une générosité qui ne se dément pas d'un instant ? La vie présente avec ses faux biens, passe comme une ombre, tandis que les joies de l'autre vie durent éternellement. Voilà ce que, du fond de sa tombe, ou plutôt du haut du ciel, nous prêche le P. Rey, avec une force de persuasion qui triomphe de toute résistance.

Puissions-nous tous, chrétiens, entendre ces précieuses leçons! puissions-nous surtout les mettre en pratique! puissions-nous nous rendre, à son exemple, chacun selon la mesure de nos forces, utiles à nos frères, utiles à nous-mêmes, utiles à la religion et à la société, afin qu'après avoir, comme lui, chrétiennement servi la patrie terrestre, nous méritions d'être admis à sa suite dans l'éternelle patrie !

DIJON, IMPRIMERIE J. MARCHAND, RUE BASSANO, 12.